計劃一下
享受一個輕巧自在的
悠哉小旅行

ことりっぷ co-Trip 小伴旅

大阪

讓我陪你去旅行
一起遊玩好EASY～

走♪我們出發吧

抵達大阪後……

終於到大阪了。

那麼，接下來要做什麼呢？

大阪風情濃厚的道頓堀和新世界就不用多說了，從水岸邊的咖啡廳眺望大阪街道，在復古風情的街區散散步吧。

來到大阪的話，果然還是要在格力高和蟹道樂的招牌看板前拍紀念照。接著去吃大阪燒跟章魚燒，或是到海遊館玩也很開心。也推薦大家再走遠一些，到萬博紀念公園去看一看太陽之塔。

check list

- ☐ 道頓堀的名物招牌看板和「道頓堀美食」 P.68
- ☐ 在充滿昭和復古風情的新世界散步 P.76
- ☐ 前往日本最高的大樓──阿倍野HARUKAS P.80
- ☐ 中之島藝術散步 P.88
- ☐ 前往萬博紀念公園，去看看太陽之塔 P.114
- ☐ 感受海風的天保山港灣區域 P.118
- ☐ 在USJ盡情享受好萊塢氛圍 P.120

在水岸街區──中之島有許多藝術景點，也別錯過新名勝──大阪中之島美術館 P.88。

一邊觀賞著道頓堀的招牌看板，一邊品嘗章魚燒、螃蟹等道頓堀美食。P.68

在大阪港灣區域──天保山逛完海遊館後，在海風吹拂下散散步。P.118

大阪城區域雖位在市區，但仍充滿綠意。不禁遙想與此地有關的戰國武將。P.112

稍微走遠一些，在萬博紀念公園野餐，順便去看看太陽之塔。P.114

照片提供：大阪府

抵達大阪後……

要吃點什麼呢？

在會讓人吃到口袋空空的大阪，有好多便宜又好吃的美食，等你來發現。

推薦章魚燒、大阪燒等粉物，以及湯頭飄香的烏龍麵。復古喫茶店等能喝到好喝咖啡的店家變多了，能同時享受到新舊的喫茶店文化。大阪的個人店鋪發展蓬勃，也有許多獨創的甜點店和麵包店，能品嘗到獨有的風味呢。

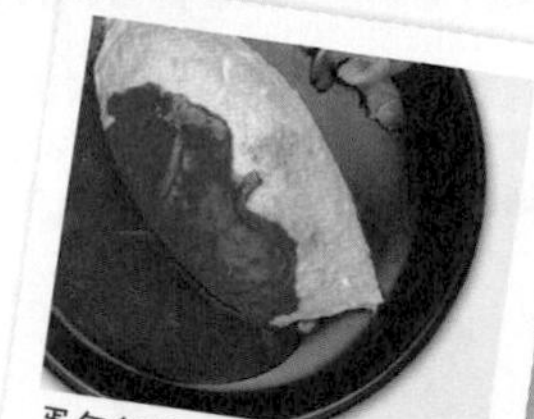

蛋包飯是在北極星誕生的。使用2顆雞蛋，口感鬆～軟。P.56

也有麵糊已調味，不用沾醬吃的章魚燒。比較味道也很開心

check list

- □ 會讓人想特地前往，擁有招牌甜點的店家 P.14
- □ 前往大阪人也掛保證的章魚燒店 P.46
- □ 品味高湯文化，大阪烏龍麵老店 P.50
- □ 發源自大阪的講究蛋包飯 P.56
- □ 在當地人也常去的純喫茶店度過咖啡時光 P.58
- □ 靜佇在昭和復古街區裡的中崎町咖啡廳 P.96

來吃配料也很講究的炸串吧。P.48

位在LUCUA 1100 P.107內的MIYABI'S年輪蛋糕，是道可愛的甜點

正因為是在旅行，仔細尋找生活雜貨或器皿的時光也很令人開心。P.33

要買些什麼呢？

有許多很棒的店會販售藝術創作家作品和生活雜貨，逛逛各家雜貨店也能為旅行增添樂趣。

中崎町和空堀街區以復古氛圍受到大家喜愛，在這裡有許多販售藝術創作家手作雜貨的雜貨店。尤其是這幾年，在空堀這一帶聚集了不錯的店家和咖啡廳，請一定要來這裡看看。在靭公園周邊也有很多值得悠閒散步逛逛的店呢。

尋找使用方便和設計精美兩者兼具的出色手工雜貨。P.92

check list

- □ 希望能在生活中長久相伴的物品 P.32
- □ 可愛迷人的雜貨與文具 P.36
- □ 遊逛空堀的雜貨店和咖啡廳 P.72
- □ 靭公靭園一帶的生活雜貨和藝術創作家作品 P.92
- □ 高級又可愛的大阪伴手禮 P.106

小小的旅行建議書

這週末，到大阪玩3天2夜

行程內容確實掌握了大阪的主要名勝和美食，
同時也到中崎町、空堀和靭公園周邊的雜貨店逛一逛吧。
也別錯過郵輪早餐、遊逛美術館、博物館並參觀太陽之塔。

第1天

10:00

抵達JR新大阪站。搭地下鐵到御堂筋線動物園前站吧。

歡迎光臨

11:00

前往大阪的艾菲爾鐵塔 — 通天閣所在的**新世界**P.76。走在昭和復古風情的街道上一邊大口吃章魚燒。

12:00

午餐到大阪知名「炸串」名店林立的JAN JAN橫丁。體驗有名的「禁止二度沾醬」。P.78

來玩經典的復古遊戲 — 日本版彈珠台吧。P.77

14:00

遊逛空堀周邊的雜貨店和文具店，開心享受購物時光。P.36•72

這就是大阪

18:00

在**道頓堀**看著格力高和蟹道樂的招牌看板邊散步P.68。晚餐在事先預約好的**道頓堀 今井**P.50享用烏龍麵什錦鍋。

21:00

住在車站附近的飯店，對隔天的移動也很方便。入住**OMO7大阪 by 星野集團**P.124。

第2天

9:00

在一早的寂靜中，參觀**大阪府立中之島圖書館**P.89。建於明治時代的渾厚建築裡，圓頂上的彩繪玻璃相當漂亮。

10:00

在位於北濱的**NORTH SHORE**P.31邊欣賞土佐堀川邊享用早餐。

11:30

前來中之島的新名勝**大阪中之島美術館**P.88，細細鑑賞眾多珍貴的作品吧。

13:00 午餐在位於大阪站前第3大樓的**長屋オムライス 大阪駅前第3ビル店**P.56，品嘗大阪知名美食「人氣蛋包飯」。

鬆軟滑嫩

在優雅咖啡廳休息一下

14:30

從地下鐵谷町線東梅田站前往中崎町站。在**Attic Days**P.36挑選可愛的首飾。造訪各家隱密的咖啡廳P.96也很開心。

18:00

從中崎町散步到天神橋筋商店街。這裡有高CP值的壽司、現做點心等，開心地每家店都去瞧瞧。
P.94

第3天

10:00

從大阪市內前往萬博紀念公園站。在綠意盎然的廣大公園，讓大自然消除身心疲勞，恢復精神吧。

照片提供：大阪府

10:30

前往**萬博紀念公園****P.114**，去看太陽之塔。EXPO' 70展示館裡展示諸多將當時模樣傳達至今的資料。

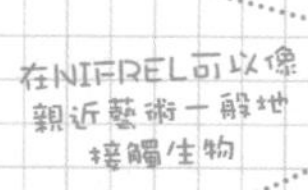

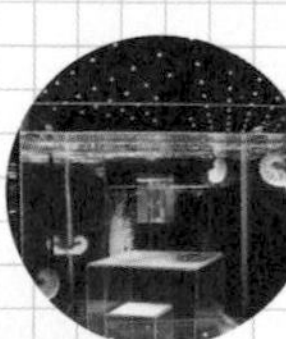

11:00

前往位在公園內的**國立民族學博物館與大阪日本民藝館****P.115**。也推薦到以嶄新的展示方法引起話題的**NIFREL****P.116**看看。

13:30

回到梅田，在新梅田食道街的きじ**P.43**有紫蘇香氣的大阪燒午餐。

15:00

遊逛靭公園周邊的雜貨店**P.92**，或許會找到能成為旅行回憶的物品。

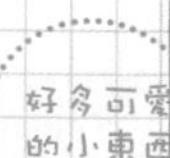

18:00

在**LUCUA 1100****P.107**或百貨公司地下美食街**P.108**尋找伴手禮。集結各種收禮者一定會很開心的可愛伴手禮。

20:00

回家吧。
在JR新大阪站想要再添購伴手禮的話，就到**EKI MARCHÉ新大阪****P.105**看看吧。

我的旅行小法寶

規劃行程的小訣竅

推薦在掌握新世界和道頓堀等具大阪風情的經典觀光地區的同時，也到中崎町、空堀和靭公園周邊的雜貨店遊逛一番。在區域間移動要花上不少時間，因此建議順著動線規劃行程吧。

JR新大阪站
↓
在昭和復古風情的新世界周邊散步
↓
在位於JAN JAN橫丁的炸串名店吃午餐
↓
前往空堀的雜貨店和紙類雜貨店
↓
在道頓堀散步
↓
到OMO7大阪 by 星野集團辦理入住

在中之島參觀圖書館
↓
到北濱的咖啡廳稍作休息
↓
前往中之島的美術館鑑賞藝術
↓
在大阪站前大樓吃蛋包飯
↓
逛逛中崎町的雜貨店與咖啡廳
↓
在天神橋筋商店街吃晚餐
↓
入住大阪站周邊的飯店

前往萬博紀念公園看太陽之塔
↓
造訪國立民族學博物館和大阪日本民藝館
↓
在きじ吃大阪燒午餐
↓
在靭公園周邊的雜貨店購物
↓
去LUCUA 1100和百貨公司地下美食街尋找伴手禮
↓
JR新大阪站

大略地介紹一下主要區域

「在大阪要做什麼好呢？」
在規劃行程前，先確實掌握各區域的位置和特色吧。
了解位置關係的話，移動效率更好，就更能有效利用時間喲。

JR、地下鐵、私鐵各線皆會行經大阪的中心地

北區

梅田

JR大阪站以大阪車站城P.100之姿整體煥然一新。此外，在北側的梅北區域還有複合設施GRAND FRONT OSAKAP.102，十分的熱鬧。

北新地

大阪第一的紅燈區。在不久前給人的印象還是高級俱樂部區，然而最近時尚的餐飲店和酒吧正在急速增加中。

中崎町

老屋翻新而成的雜貨店、藝廊和咖啡廳散布在這個既令人懷念又新穎的矚目區域。P.96

中之島

中之島P.86是位在堂島川與土佐堀川之間，東西橫跨約3.5km的區域。這裡仍留有許多摩登復古的建築，推薦在這裡悠閒逛逛。

臨海的開放感為魅力所在，這裡還有水族館和主題樂園

港灣區

日本環球影城

來自美國的主題樂園P.120，新遊樂設施相繼登場，並持續提升威力。

海遊館、天保山

這裡有世界規模最大的水族館、海遊館，以及從能112.5m高處眺望見美麗景色的天保山大摩天輪。P.118、119

本町

堪稱是大阪經濟中心的商業區。自四橋筋往西前進就會到靭公園，其周邊齊聚了咖啡廳和選貨店，成為備受大家關注的區域。

大阪城周邊

環繞著天守閣的大阪城公園P.112。緊鄰一旁的便是OBP（大阪商務園區），為新舊交錯的區域。

堀江、南船場、新町

此區域內遍布著選貨店、家飾店和咖啡廳等最新流行景點。

心齋橋

名牌店、老字號商店、百貨公司林立，為大阪鬧區的代表。

難波

吉本興業的大本營 ── 難波Grand花月劇場和NAMBA PARKS等吸引眾人目光的設施。

混合大阪「有點誇張」的特色和時尚流行的區域

南區

道頓堀

聽到「大阪」最先聯想到的便是以誇張招牌和霓虹燈為人熟知的道頓堀。

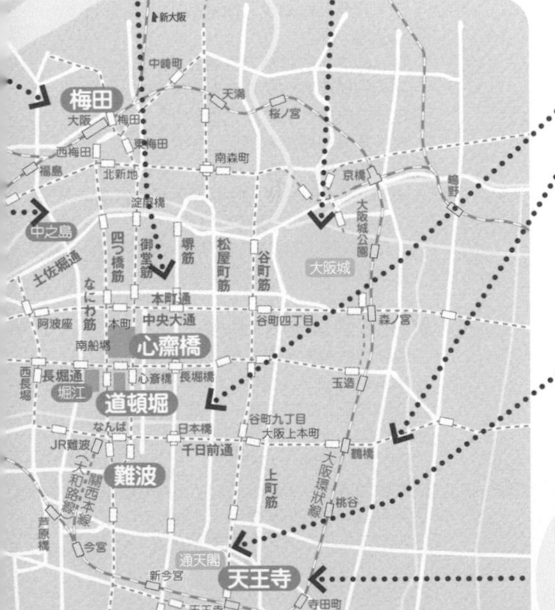

鶴橋

韓國街、燒肉名店等，街區本身風格就很韓流。也有很多韓式煎餅、泡菜等豐富的外帶美食，適合買回飯店當消夜吃。P.62、64

新世界

以大阪的艾菲爾鐵塔 ── 通天閣P.77為首，加上能享受炸串、內臟料理的JAN JAN橫丁等，是充滿濃厚大阪庶民風情的區域。

天王寺

天王寺的周邊區域有阿倍野HARUKASP.80。另有天王寺動物園P.82、天王寺公園、四天王寺等，觀光景點也相當豐富。

ことりっぷ co-Trip 小伴旅 **大阪**

CONTENTS

心心念念的大阪

這裡有能品嘗到精選甜點的咖啡廳、
時髦的選貨店、
充滿懷舊感的街區，
以及位於河岸旁的咖啡廳。
雖然大阪給人強烈的熱鬧印象，
這裡還是有很多能度過休閒時光的景點。
在中意的大阪區域好好地散散步吧。

就算要特地前往也會讓人想去，擁有招牌甜點的店家

**來到大阪的話，請一定要嘗嘗人氣店家的招牌甜點。
諸如巧克力蛋糕、可麗露、萩餅、蕨餅等，
能遇見該店獨有且令人難忘的味道。**

品嘗精緻小巧的巧克力蛋糕

なかたに亭 本店 ‖上本町‖ なかたにていほんてん

說到巧克力蛋糕的話，首推なかたに亭。除了濃郁香醇的巧克力蛋糕P.18之外，還有推出巧克力抹醬、烘焙點心等。店內後方還附設有28個座位的沙龍空間，能在這裡享用重視食材原味、簡單卻深厚的甜點。

☎06-6773-5240 天王寺区上本町6-6-27 中川ビル1F 10:00～18:00（沙龍空間為12:00～17:30 L.O.為17:00） 休 週一，每月第1、3、5週二 近鐵各線大阪上本町站即到 MAP 附錄6 E-2

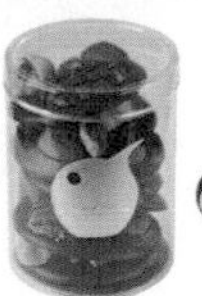

1 20多種蛋糕裡約有一半是巧克力蛋糕
2 店內後方的沙龍空間
3 將烘烤過的杏仁、榛果、開心果、花生裝飾在黑巧克力上的Mendiants au chocolat 6片裝1296円

也別錯過位在市中心的2號店

森のおはぎ在北新地有2號店「森乃お菓子」，販售下酒的小點心。而カヌレ堂在堂島商辦區有2號店。

可麗露
每月1日會有能享受到四季風味的季節限定可麗露登場

與日式食材結合的可麗露

カヌレ堂 CANELÉ du JAPON

‖**櫻川**‖カヌレどうカヌレドゥジャポン

可麗露是法國波爾多地方的鄉土點心，在日本也很受歡迎。重現法國傳統風味的經典口味「shiro」130円，富含萊姆酒和香草的香氣。還有抹茶、黑豆等結合日式食材的品項，小小一個很適合當茶點享用。

標記是有可麗露圖案的暖簾

☎070-6920-8880 ⌂浪速区桜川1-6-24 ⏰10:00～19:00（售完打烊）休週三（逢假日則營業）‼地下鐵千日前線櫻川站步行5分 MAP附錄7 B-2

圓滾可愛的創意萩餅店

森のおはぎ

‖**岡町**‖もりのおはぎ

這家萩餅店位在仍保有古早風情的商店街，店裡的創意萩餅是使用雜糧、紫米等對身體健康的食材製作而成。以手作方式重視嚴選自全國的北海道產大納言紅豆、京都深焙黃豆粉等食材風味。

充滿懷舊氛圍的店裡，陳列著質樸的萩餅

☎06-6845-1250 ⌂豊中市中桜塚2-25-10 ⏰10:00～13:00、14:00～傍晚※售完打烊 休週日、一（假日為不定休）‼阪急寶塚線岡町站步行6分 MAP附錄3 B-2

萩餅
為了讓顧客能夠各種口味都吃到一點，做成小巧可愛的形狀

本煉菓子・炊蓮
能夠享受深焙黃豆粉、抹茶等共13種口味

口味豐富的蕨餅很有人氣

isshin

‖**堺筋本町**‖イッシン

由曾在京都名店「甘美堂」鍛鍊手藝的職人──濱田所經營的和菓子店。店裡最受歡迎的是本煉菓子「炊蓮」。在蕨餅粉中加入蓮藕粉，細心地攪拌揉合長達60分鐘，因此能品嘗到軟嫩Q彈，又入口即化的獨特口感。

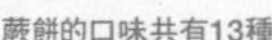

蕨餅的口味共有13種

☎06-6267-5022 ⌂中央区北久宝寺町1-2-14 トチノビル1F ⏰11：00～售完打烊 休週日、一 ‼地下鐵各線堺筋本町站步行6分 MAP附錄15 D-2

isshin的蕨餅由於有加入黑糖揉製，直接單吃便可感受到富有深度的香甜，帶有高雅風味。

推薦大阪的藝術甜點，前往個性鮮明的出色法式甜點店

貫徹自身獨特性的大阪店家，打造了眾多引起熱潮的甜點。
這裡帶大家認識時下熱門的法式甜點店，
為顧客提供外觀華美且吃過一次便無法忘懷的甜點。

❶鮮奶油與醬汁堆疊出美麗斷面，令人印象深刻的地層系列。各680円（外觀設計、種類有可能變動） ❷位在八幡屋公園北側的外帶專門店 ❸用餅乾夾入冰涼奶油霜的冰奶油霜夾心餅乾各550円 ❹主廚平山信行與太太

將飯後甜點的華麗呈現在小巧蛋糕上

dessert place SHIKISAI

‖朝潮橋‖デザートプレイスシキサイ

曾在星級餐廳精進手藝的平山信行主廚自己開的店。以「在家享用全餐中最後登場的甜點」此想法衍生出的地層蛋糕。配合主食材分開使用水果、香草、香料，連香氣的散發度、口感、尾韻等都經過計算，完成滿意感極高的甜點。

☎06-4394-7240 ⌂港区田中3-6-2 ⏲10:00～18:00 休 週一、二，有不定休
‼ 地下鐵中央線朝潮橋站步行6分 MAP 附錄2 A-4

2樓的雜貨店也備受矚目

「Dining ＆ Cafe mikuri」是由推廣日本傳統產業魅力的雜貨店「hitofushi」（位於2樓）所經營的咖啡廳。請大家務必要來看看。

1以甜鹹醬油與白玉糰子組合而成的醬油糰子為形象，醬油糰子聖代1100円 2季節最中佐茶套餐1320円 3店內有如清爽簡潔的土間

季節烹飪美食與甜點

Dining & Cafe mikuri

‖中津‖ダイニングアンドカフェミクリ

能品嘗到以純樸季節料理為主的餐點和甜點。店家的菜單傳達隨著二十四節氣、四季的推移變化，餐點使用吉野杉製作的托盤和會津漆器碗盛裝。

☎06-6131-7727 ⌂北区中津6-9-5 1F ⏲12:00～15:00、17:00～19:30（週六日、假日晚上～18:30）※咖啡廳為14:00～ 休 週一，有不定休 ‼阪急各線中津站步行5分 MAP 附錄5 B-1

使用日式食材的新穎甜點

ronen

‖大阪天滿宮‖ロネン

使用日式食材製作西點的法式甜點店。以餐廳甜點為出發點的主廚大展身手，靈活運用加賀棒茶、柚子味噌、酒粕等製作的甜點，呈現出嶄新的風味。

☎06-6353-3530
⌂北区松ケ枝町4-9 松田ビル1F ⏲11:00～18:00（售完打烊）
休 週一，有不定休
‼JR東西線大阪天滿宮站步行5分
MAP 附錄4 E-2

花飾600円。蛋糕中使用梅子乾完美襯托出風味

1禪620円，用巧克力包裹著玄米茶慕斯和開心果烤布蕾 2地點距離站前鬧區稍遠，悠閒靜謐

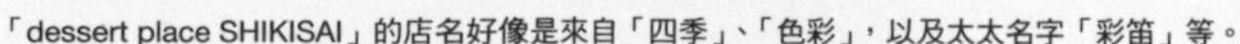

「dessert place SHIKISAI」的店名好像是來自「四季」、「色彩」，以及太太名字「彩笛」等。

被濃醇香氣和風味所吸引，來到巧克力專賣店

一小口巧克力，竟然也能帶來甜度、香氣、香料、
果香、有如熟透的酸味等各種不同的風味。
雖然只是小小的一顆，但入口便會接連打開不同的味覺之門。

Praline(4個裝)1642円

Irish
在融入愛爾蘭威士忌的巧克力甘納許外，裹上一層黑巧克力

Thé au lait
在伯爵紅茶香氣濃郁的甘納許外，覆蓋上一層牛奶巧克力。上面放了茶葉點綴

Citron(檸檬)
以白巧克力包裹住檸檬風味的甘納許

Ek Chuah
散發榛果香氣的牛奶巧克力與口感酥脆的脆皮相當對味

Palet au chocolat Salé 1袋972円
鹽之花佐牛奶巧克力

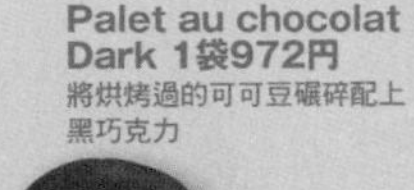

Palet au chocolat Dark 1袋972円
將烘烤過的可可豆碾碎配上黑巧克力

Palet au chocolat Milk 1袋972円
特徵是散發豐富牛奶香氣的濃醇逸品

Palet au chocolat Fruit sec 1盒2592円
配上滿滿的無花果、葡萄乾、檸檬等果乾

充滿日式情懷的巧克力老店

Ek Chuah 空堀「藏」本店

‖空堀‖エクチュアからほりくらほんてん

將屋齡超過100年的倉庫翻修而成的總店，擺放著巧克力相關的藝術品和書籍。在掀起巧克力熱潮之前便存在的老店裡，似乎散發著甜美的香味。這裡的巧克力配合日本人的口味，味道圓潤柔和。

☎06-4304-8077 住中央区谷町6-17-43 練-LEN- ⏰11:00～20:00、咖啡廳～19:30 休週三 地下鐵長堀鶴見綠地線松屋町站即到
MAP附錄6 D-1

1木頭質感打造出溫暖的空間 2拉門的聲音聽起來很悅耳

以獨創巧克力抓住顧客的心

なかたに亭 本店

‖上本町‖なかたにていほんてん

在這間人氣法式甜點店「なかたに亭」裡，又以獨創性的巧克力特別受到大家喜愛。店家使用數種不同產地的可可豆，並試著配上辛香料，組合出令人雀躍的嶄新口味，抓住許多顧客的心。

P.14

1店內深處還有咖啡廳 2還有沙布列餅乾等烘焙點心。Diamant Earl Grey 918円

なかたに亭的巧克力抹醬

巧克力屬於精緻纖細的甜點，搭飛機時間長，也不方便買來當伴手禮。因此推薦なかたに亭 本店的巧克力抹醬，抹在烤好的麵包上非常好吃。

PALET D'OR LACTEE
367円
整體以千里達及托巴哥產可可豆為主的代表作，牛奶風味

開心果
367円
開心果香氣濃郁的巧克力

CARAMEL LACTEE
367円
焦糖風味的甘納許

PALET D'OR NOIR
367円
整體以千里達及托巴哥產可可豆為主的代表作，黑巧克力風味

從可可豆開始製作的巧克力專賣店

CHOCOLATIER PALET D'OR

‖西梅田‖ ショコラティエ　パレ ド オール

追求新鮮與香氣，從可可豆開始製作的巧克力專賣店。含入口中的瞬間，迸出真正的可可豆香氣令人著迷。在沙龍空間還能享受酒與巧克力的組合。細細品嘗，度過幸福的時光。

☎06-6341-8081
北区梅田2-2-22 ハービスPLAZAエント4F
11:00～20:00（沙龍空間～19:30）休不定休
JR各線大阪站即到
MAP附錄9 B-3

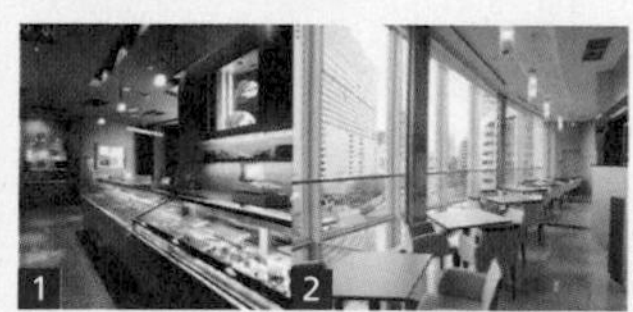

1店面優雅沉穩 2能從清爽的沙龍空間一覽大阪站前的景色

地球(PET盒裝)561円
能品嘗到巧克力的原本風味，原味甘納許入口即化。精緻到有如藝術品一般

L'éclat NO.5 324円
甜巧克力慕斯般的巧克力，淡淡的柑橘香，酸味適中

融化焦糖(蘋果肉桂)
300円
巧克力裡包裹著散發蘋果白蘭地「卡爾瓦多斯」香氣、蘋果肉桂風味甘納許，以及帶點苦味的焦糖

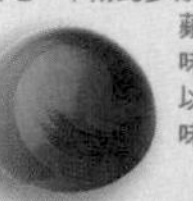

L'éclat松露(原味) 194円
甜巧克力製作的松露巧克力。像慕斯般入口即化，而帶點苦味的焦糖和香草更能突顯風味

飯店的藝術巧克力

Chocolat Boutique L'éclat

‖中之島‖ ショコラブティック レクラ

如同店名在法文中有「閃耀」的意思，店裡陳列的巧克力外觀也令人賞心悅目，宛如寶石般美麗閃耀。推薦這裡的行星巧克力。由擁有豐富巧克力知識的店員給予建議，讓挑選巧克力的過程變得更加有趣。

☎06-6441-1308
北区中之島5-3-68 リーガロイヤルホテル1F
11:00～18:30
休週一、二
直通京阪中之島線中之島站（JR大阪站有免費的接駁巴士）
MAP附錄11 A-2

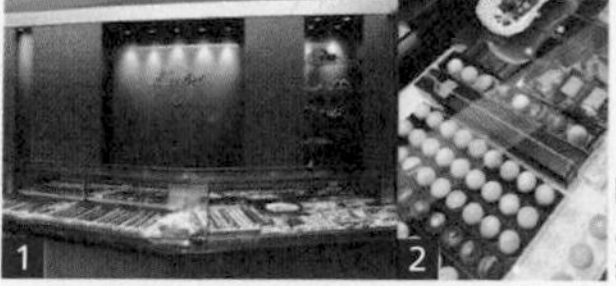
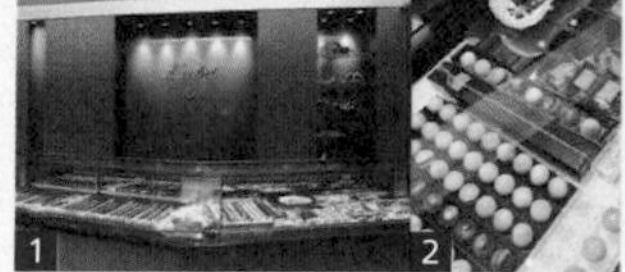

1店鋪位在麗嘉皇家酒店的前檯旁 2宛如寶石般閃閃發光

Ek Chuah 空堀「藏」本店的咖啡廳菜單裡幾乎都是巧克力。喜歡巧克力的人一定要去這家店看看。

可以在購物途中小憩片刻的優質咖啡廳

購物走累了，就來吃個甜點。
前往明明位在市區，卻能讓人悠閒度過時光的咖啡廳。
補充能量後，再次朝熱鬧的街區前進吧。

方型小巧可愛的
長崎蜂蜜蛋糕專賣店

DE CARNERO CASTE

‖西大橋‖デカルネロカステ

在以古早製法烘焙出風味純樸的長崎蜂蜜蛋糕上，烙印上藝術家的插畫。可愛的長崎蛋糕除了可在咖啡廳品嘗之外，也可以外帶1個（280円），非常適合帶回去當作伴手禮。

↑也能單買1個的長崎蛋糕，使用三重縣產的小麥粉和蜂蜜等食材製作，並且未使用防腐劑與化學添加物　↓外觀以白色為基調

☎06-7220-9604 ⌂西区新町2-18-19 ⏲11:00～18:00（咖啡廳為～16:30）休週二、三 ‼地下鐵長堀鶴見綠地線大橋站步行5分 MAP附錄13 B-3

為日常增添辛香風味的
咖哩＆甜點店

WOCCA ROCCA 天六店

‖天神橋筋六丁目‖ウォッカロッカ てんろくてん

店家的無麩質自製香料咖哩，以及使用大量紅茶製作的皇家奶茶聖代蔚為話題。還可以自行使用桌上的7種辛香料，為咖哩添加創意變化風味喔。

↑14:00後開始供應聖代皇家奶茶聖代 1320円（附紅茶）。還有3種常態口味　↓店內僅有12個吧檯座

☎06-6360-9882 ⌂北区菅栄町13-9 TEN ROCK1F ⏲11:00～16:30 休週二 ‼地下鐵各線天神橋筋六丁目站即到 MAP附錄4 D-1

用水果和蔬菜製作出
色彩繽紛的藝術食物

JTRRD 本店

‖天滿橋‖ジェイティードほんてん

在這裡能品嘗到活用食材顏色，絢麗多姿的飲品、甜點、咖哩及蛋包飯。水果味濃郁的藝術冰沙，是店員賦予五彩繽紛的藝術作品。

↑藝術冰沙各990円，混合2～6種水果和蔬菜製作而成。能從紅、粉、橘等6色中選擇1種　↓店鋪位在風格復古的大樓1F

☎06-6882-4835 ⌂北区天満3-4-5 タツタビル1F ⏲12:00～17:00 休週一、二 ‼地下鐵谷町線天滿橋站步行6分 MAP附錄4 D-3

也別錯過餐飲大樓「TEN ROCK」

「WOCCA ROCCA」位在TEN ROCK大樓內，這裡還集結了蕎麥麵店、壽司店等6間餐飲店呢。

在小巷深處的咖啡廳
感受懷舊氛圍

LILO COFFEE KISSA

‖心齋橋‖リロこーひーきっさ

接手50年來持續受到喜愛的咖啡廳風格，散發著古早又美好的喫茶店氛圍。喫茶店該有的王道菜單就不用說，這裡還能品嘗到各種創意變化的咖啡等。

↑濃縮咖啡、牛奶、抹茶，3色分層漂亮的抹茶拿鐵濃縮咖啡750円。拿鐵中散發著抹茶的香氣　↓店內仍留有老牌喫茶店的風貌

☎06-6226-8682 ⌂中央区心斎橋筋2-7-25 金子ビル2F ⏲13:00～22:00（週六為11:00～，週日、假日為11:00～21:00） 休 無休 ‼地下鐵各線心齋橋站步行6分 MAP 附錄14 A-5

風格懷舊又舒適的
咖啡廳

CAFE TOKIONA

‖南森町‖カフェトキオナ

店家在布置空間時相當重視舒適度，採用的是購自比利時的經典壁紙和古董家具。在這裡除了早餐之外，午餐還能夠品嘗到咖啡廳的洋食菜單。

↑早餐（7:00～11:00）605円～。有8種吐司可選　↓店家的標記是紅白相間的普普風遮棚與綠色的門

☎06-6355-1117 ⌂北区天神橋1-12-19 ⏲7:00～18:00（飲品為～17:30） 休 週三 ‼地下鐵各線南森町站步行5分 MAP 附錄4 D-3

在十三商店街發現的
瑪芬＆塔店

dtd cafe

‖十三‖デイトゥデイ　カフェ

位在十三的烘焙點心店。店內陳列著11種瑪芬、3種塔點，口味每天更換，因此每次去都會發現新口味。其他還有餅乾跟巧克力蛋糕也很受歡迎。

↑週五登場的特製香蕉塔380円（內用為530円）　↓也可內用。有吧檯座和桌型座位2桌。還有豐富的原創飲品

☎06-7860-7294 ⌂淀川区十三元今里2-6-17 ⏲10:00～17:00（內用為週二～五12:30～，週六、假日為11:00～） 休 週日、一 ‼阪急各線十三站步行8分 MAP 附錄3 B-3

「dtd cafe」的dtd是day to day的縮寫，也被常客們稱作「日日咖啡廳」。

喝杯特選咖啡，在散步途中放鬆休息一下

在旅行中若能喝到一杯好喝的咖啡，真的非常幸福。
在這裡介紹從咖啡豆栽培起，
直到沖泡入杯的瞬間，每個細節都絕不妥協的特選咖啡店家。

ETHIOPIA CUP OF EXCELLENCE BIRHANU DIDO AWACHO
100g 2160円

擁有水果酸味和熔岩巧克力蛋糕般滑順的風味

PANAMA "CCD" MARTHA ELENA
100g 1404円

1由店家自己烘焙的咖啡豆裡，品質也特別高的特選咖啡豆 2細心地手沖烘焙出區域特性的咖啡豆 3咖啡short350円、tall450円

能盡情享受葡萄酒與咖啡的世界，建築外觀有如倉庫一樣

葡萄酒＆特選咖啡專賣店

TAKAMURA WINE & COFFEE ROASTERS

‖江戸堀‖タカムラワインアンドコーヒーロースターズ

著眼於葡萄酒和咖啡的共同點 — 都能享受到因產地、品種及精製方式不同而產生的風味差異。嚴選出的咖啡豆由店家自己烘焙，為了展現出咖啡豆的風味和甜度，使用的是火候溫和的美國製熱風式烘豆機。2樓還有沙發座，能在此舒適地度過時光。

☎06-6443-3519 ⌂西区江戸堀2-2-18 ⏲11:00～19:30 休週三 ‼地下鐵四橋線肥後橋站步行10分
MAP附錄11 B-3

CUP OF EXCELLENCE是？

這是當年採收的咖啡豆中獲得最高品質認證的榮譽稱號。在TAKAMURA能輕鬆品味到用獲得此稱號的咖啡豆所沖泡的咖啡。

司康1個350円～。店家自製的果醬和奶油需加200円

ELMERS BLEND 500円

1 與都會感的北濱街區十分相襯的舒適空間 2 能輕鬆享受咖啡豆所擁有的風味與個性

在舒適簡單的空間裡
品嘗特選咖啡X甜點

ELMERS GREEN CAFÉ

‖北濱‖エルマーズグリーンカフェ

天花板挑高並以白色為基調的店裡，整體寬敞明亮。選自世界各地、味道豐富的咖啡豆由店家自己烘焙，一杯一杯仔細地為顧客手工沖泡。此外，也一定要試試這裡的蛋糕和三明治，三明治的麵包是由店家嚴選食材親自烘焙的。

☎06-6223-5560 ⌂中央区高麗橋1-7-3 北浜プラザ1F
⏲11:00～18:30（週六日、假日為10:00～17:30）休 不定休
直通各線北濱站 MAP 附錄10 E-3

世界各國的咖啡皆從生豆
開始烘焙

HIROFUMI FUJITA COFFEE

‖玉造‖ヒロフミフジタコーヒー

位在窄巷中的咖啡專賣店。世界各國20種咖啡皆從生豆開始烘焙，用法式濾壓壺萃取而成。咖啡豆的種類雖多，但都是容易辨別風味的豆子，能夠在此享受到生豆原有的風味。

☎06-6764-0014 ⌂中央区玉造2-16-21 ⏲12:00～19:00 休 週日、一 地下鐵長堀鶴見綠地線玉造站即到
MAP 附錄6 F-1

就算是同款豆子，也會因為烘焙的程度而帶出不同的風味

1 奢侈地使用酸奶油、鮮奶油和香草豆莢製作出入口即化、風味濃厚的烤起司蛋糕500円。跟咖啡也很搭
2 法式濾壓咖啡為550円，咖啡歐蕾、咖啡拿鐵為580円
3 咖啡廳空間備有6個座位

ELMERS GREEN CAFÉ就在地下鐵御堂筋線淀屋橋站旁邊，另外NAMBA PARKS的3樓也有分店。

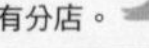

在復古懷舊的「和」之空間，品嘗日式甜點暖活身心

這裡有現泡的茶香、紅豆餡溫暖香甜的滋味。
透過吹拂而過的風、窗外可見的天空，感受四季的變化。
在這日本獨有的幸福時光中，暫且忘卻日常的喧囂吧。

和菓子非常健康

和菓子幾乎都是使用植物性食材製作，因此脂質含量低，相當健康。此外，還富含膳食纖維，也有不錯的飽足感。

在家庭氛圍中品嘗
高級日本料理的滋味

kotikaze

‖玉造‖コチカゼ

由擁有高級日本料理店經驗的老闆精心製作，能吃到道地日本料理與和菓子的店。在這裡可以開心品嘗展示櫃裡可愛的和菓子與茶飲。店內宛如流淌著日式氛圍的隱密民宅，裡頭陳列著講究的雜貨。

☎06-6766-6505
⌂天王寺区空清町2-22
◷9:00～15:30 休 不定休
‼ 地下鐵長堀鶴見綠地線玉造站步行12分 MAP 附錄6 E-1

1翻修木造日式屋宅而成，是復古懷舊、氛圍柔和的場所 22樓有充滿木頭溫暖質調的包廂 3每日和菓子綜合700円（前）與大和煎茶550円（後） 4隨季節變換的和菓子，全部都是從內餡開始在店內手工完成的

使用每天早上現做的麻糬製作
充滿季節感的和菓子

餅匠 しづく

‖新町‖もちしょうしづく

宛如藝廊一般，有著時尚氛圍的和菓子店。除了有使用近江產無農藥羽二重糯米，每天早上用杵臼搗製的麻糬之外，店內販售的品項還有最中、大福、季節和菓子、季節器皿等，也設有茶館空間。

☎06-6536-0805
⌂西区新町1-17-17
◷10:30～18:00（茶寮11:00～17:00）
休 週二 ‼ 地下鐵長堀鶴見綠地線西大橋站步行5分 MAP 附錄13 C-3

1摩登的店內氛圍 2陳列著美麗的和菓子 3久留美冰1045円。甜甜的久留美餅與清脆的冰非常對味 4用天然的甜菜根增添色彩的覆盆子大福475円。木莓與散發淡淡萊姆酒香的白豆沙餡十分對味

個頭稍小且甜度較低，
整體風味良好

大阪名代 出入橋きんつば屋

‖堂島‖おおさかなだいでいりばしきんつばや

於1930年創業的老字號日式甜點店，是誠如其名的金鍔名店。用Q彈的薄皮將甜度降低的內餡裹起來的金鍔，也很適合買回來當作伴手禮。能在店前看見師傅熟練烤製的模樣。

☎06-6451-3819 ⌂北区堂島3-4-10
◷10:00～19:00（週六為～18:00）
休 週日、假日 ‼ 地下鐵四橋線西梅田站步行5分
MAP 附錄9 A-4

1從過去到現在未曾改變的復古氛圍
2還能品嘗現烤的金鍔。1盤350円
3內用僅售3個1組的套餐
4在店裡也能吃到紅豆湯600円，以及海苔捲麻糬600円等

在大阪有昭和町、空堀等許多仍留有古早長屋建築的地方。

享用蓬鬆柔軟，能讓人感到幸福的鬆餅、可麗餅和法式薄餅

走了不少路的話，就前往能夠令人放鬆或氛圍流行的咖啡廳吧。
其中也有較晚打烊的店，就算錯過午餐時間
也還可以享用餐點，事先記下店家會比較方便。

招牌菜單是3層鬆餅

Micasadeco&Cafe

‖難波‖ ミカサデコアンドカフェ

由3層3cm鬆鬆軟軟的鬆餅堆疊而成的里考塔起司鬆餅很有人氣。鬆餅散發著淡淡的起司酸味，配上加拿大產的楓糖十分對味。鬆餅製作要花上20分左右，所以要留點時間再行前往。

☎06-6561-1191
浪速区幸町1-2-8 Minatomachi82bld 1F
11:00～16:00（週六、日為9:00～17:00）
休 無休 地下鐵各線難波站步行3分
MAP 附錄17 A-2

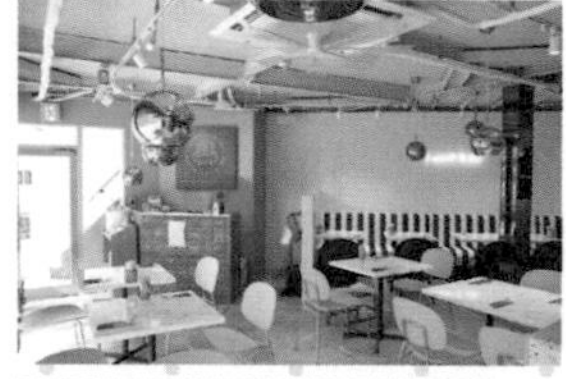

配色利用了單色調與清爽的綠色等，充滿品味

里考塔起司鬆餅1350円 售完為止

蜂蜜奶油（3層）980円
鬆餅的特徵是入口瞬間旋即柔嫩化開

平日限定3D卡布奇諾 734円
共有6款鬆軟可愛的藝術拉花。會出現哪1款呢，真令人期待

使用講究食材製作的鬆餅專賣店

pancake cafe elk

‖美國村‖ パンケーキカフェエルク

使用嚴選食材特製，以煎台蒸烤得「鬆軟柔嫩」的舒芙蕾鬆餅是店家自豪的商品。口感輕盈，讓人有再多好像都吃得完的感覺。除了可愛的3D立體拉花之外，午餐品項也相當多元，因此也請大家一定要試試。

☎06-6245-3773 中央区西心斎橋1-10-28 心斎橋Mマンション1F 10:00～22:00 休 不定休 地下鐵各線心齋橋站步行5分
MAP 附錄12 D-4

店內氛圍沉靜，1個人也能安心入內消費

「Chandeleur」在梅田也有分店店

「Creperie Stand Chandeleur」在西梅田站即到的商業設施「HERBIS PLAZA」內也有分店。有到福島區域P.98時一定要去看看。

店家自製鬆餅850円　熱騰騰端上桌，口感鬆軟的鬆餅淋了滿滿的奶油和楓糖漿

在街區的棲息之所品嘗鬆餅

喫茶アカリマチ

‖中崎町‖きっさアカリマチ

店內裝潢氛圍雅致，比起咖啡廳更貼近「咖啡輕食茶館」的感覺。圓拱窗與琥珀色的桌子點著燈光，能在這裡度過寧靜又舒適的時光。在用虹吸式塞風壺沖泡咖啡散發出的香氣中，品嘗煎製得蓬鬆柔軟的鬆餅。此外，咖哩也很受歡迎。

☎06-6312-2251
北区万歳町3-41 城野ビル1F 9:00～17:00 休 不定休
地下鐵谷町線中崎町站即到
MAP 附錄8 D-2

吧檯座位排著椅腳優美的maruni圓規椅

悉心製作法國經典料理 — 法式可麗餅

Creperie Stand Chandeleur

‖茶屋町‖クレープリースタンドシャンデレール

使用來自法國的可麗餅與蕎麥粉製作的法式薄餅專賣店。使用能夠感受到麵粉香甜的法國產小麥粉，以及艾許奶油等正宗的原料和製作方法。不只是甜點，店內還有很多能當正餐享用的豐富菜單。

☎06-6374-9012 北区鶴野町1-9 梅田ゲートタワー1F
11:00～22:00 休 不定休 阪急各線大阪梅田站步行5分
MAP 附錄9 C-1

可麗餅和法式薄餅也能外帶

法式薄餅午餐 1320円
午餐可以法式薄餅加上沙拉、湯或飲品搭配成套餐

Suzette Citrus 825円
散發溫熱橘子奶油醬汁香氣的奢華甜點。附飲品的套餐也很受歡迎

抓住大阪人心的鬆餅專賣店集中開在心齋橋跟美國村。

喜歡美味的麵包嗎？會想順道前往的大阪麵包店

被現烤麵包的美味香氣引誘，前往在當地也很受歡迎的麵包店。
陳列著散發奶油香氣的可頌、放上滿滿蔬菜和起司的熟食麵包、
看似簡單風味卻具有深度的麵包等，去逛逛這些令人感到幸福的店家吧。

BOULANGERIE gout

1排滿色彩鮮明的麵包
2 6外觀就像是精品店般時尚亮麗
3採光良好，店內明亮

PAINDUCE

9棕色的木頭與白色搭配起來十分時髦
10使用當季蔬菜製作的熟食麵包很有人氣。經典麵包也是用傳統工法悉心製成

foodscape! BAKERY 北浜 パンとスープ

4時髦的橡桌上有好多麵包 5柏林甜甜圈303円（店內308円） 7 8還有重視女性顧客而推出對身體友善的甜點麵包

建議麵包要冷凍保存

麵包雖說趁新鮮吃最好，不過若要保存則建議冷凍起來。要吃的時候，用布包起來自然解凍，就能吃到依舊美味的麵包。

逛街大啖現烤麵包

BOULANGERIE gout

‖谷六‖ブーランジュリーグウ

從甜點類到熟食類都有，是麵包種類豐富的人氣店家。因為麵包小巧，外觀又可愛，所以能享受到多種口味。三明治內夾了大量食材，很有飽足感。

☎06-6762-3040
中央区安堂寺町1-3-5 キャピトル安堂寺1F
8:00～20:00
休 週四
地下鐵各線谷町六丁目站即到
MAP 附錄6 E-1

黑醋栗蒙布朗400円／丹麥麵包上有栗子泥，內餡有黑醋栗蛋白霜和栗子

萊姆葡萄夾心 227円／外皮酥脆的麵包配上葡萄乾和奶油起司，風味絕佳

放有大量蔬菜，為日常增添色彩的麵包

PAINDUCE

‖本町‖パンデュース

麵包的種類豐富，並擁有其他地方沒有的口味和獨創性。以吃麵包攝取蔬菜的嶄新型態，嚴選產地和無農藥栽培的蔬菜等，對食材相當講究。

☎06-6205-7720
中央区淡路町4-3-1 FOBOSビル1F
8:00～19:00（週六為～18:00） 休 週日
地下鐵各線本町站步行4分
MAP 附錄10 D-3

可頌290円／外皮酥脆，裡頭微微濕潤。散發出發酵奶油的香氣

核桃法式鄉村麵包420円／雖然看來簡單，但風味卻很實在

蓮藕燻雞開放式三明治480円／口感清脆的蓮藕與燻雞上有著滿滿的起司

味道令人放鬆的麵包和湯品

foodscape! BAKERY 北浜 パンとスープ

‖北濱‖フードスケープベーカリーきたはまパンとスープ

以「吃便是生存、生存便是生活」為宗旨，推廣生產者想法的麵包店。在這裡能品嘗到超過50種的創作麵包，以及完整使用食材的暖心湯品。

☎06-4256-0085
中央区平野町1-7-1 堺筋高橋ビル1F
10:00～18:00
休 週一 各線北濱站即到
MAP 附錄10 E-3

麵團的材料十分講究，樸質又帶點微潤的口感相當美味

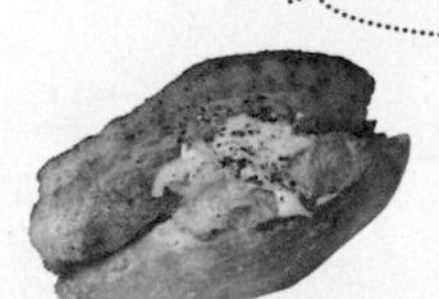

店家自製的山形豬厚烤培根594円（店內605円）

紅玉蘋果肉桂卷378円（店內385円）

「foodscape! BAKERY 北浜 パンとスープ」的店名是將「food」，以及表示日本風土景色的「landscape」組合創造出來的新詞。

在能欣賞水都 — 大阪景色的水岸咖啡廳悠閒地度過時光

前往能欣賞水之都 — 大阪道地風情的水岸咖啡廳。
要不要試著享受悠閒地眺望著風景，
度過比以往更加舒適悠哉的旅遊時光呢？

能感受水都大阪風情的河景餐廳

MOULiN

‖堀江‖ムーラン

道頓堀川旁的複合飲食設施「Canal Terrace Horie」內的美食咖啡廳。從露臺座的大扇窗戶能望見一片河景，看著美景的同時，能品嘗到種類豐富的葡萄酒、及蔬菜經過精挑細選的法、義式料理。

☎06-6532-9880 ⌂西区南堀江1-5-26 キャナルテラス堀江1F ⏱11:30～22:30（飲品為～23:00）休無休 地下鐵各線難波站步行5分 MAP附錄12 D-6

1夏天還會推出期間限定的啤酒花園方案、BBQ方案，這些都很受大家歡迎 2除了全長30m的露臺座位外，店內還有100個以上的座位

3使用當季的食材製作，午餐、晚餐皆有供應 4從露臺座位能望見湊町River Place

1人氣菜單 — PIZZA瑪格麗特1430円（右），以及前菜拼盤1人份1200円（左） 2露臺的座位空間寬敞開放。提前預約的話還能享受BBQ

位在堂島川旁的義大利餐廳

GARB weeks

‖中之島‖ガーブウィークス

位在綠意盎然的中之島公園內的獨棟義大利餐廳。推薦職人用柴火窯烤製的PIZZA。在這裡能品嘗到以鮮魚為主，加入當季新鮮蔬菜的義大利料理。

在能感受季節變化的開放式露臺，能品嘗到正宗的拿坡里披薩和季節食材

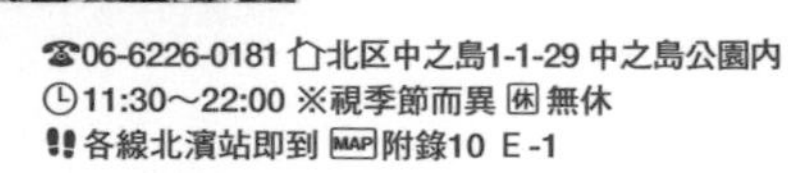

☎06-6226-0181 ⌂北区中之島1-1-29 中之島公園内 ⏱11:30～22:00 ※視季節而異 休無休 各線北濱站即到 MAP附錄10 E-1

也別錯過大正區域的新設施

「TUGBOAT_TAISHO」開幕於2020年1月，是位在京瓷巨蛋南邊，尻無川旁的商業設施。此處集結了美食市集、咖啡廳、船上餐廳等17間店家。
MAP附錄7 A-2

在一覽中之島景色的露臺咖啡廳度過咖啡時光

MOTO COFFEE

‖北濱‖モトコーヒー

這間水岸咖啡廳擁有向土佐堀川突出的露臺座。在這裡能吹著舒適宜人的風，同時品味店家一杯一杯細心沖泡的手沖深焙咖啡，以及自製的蛋糕和三明治。

除了1樓的露臺座之外，地下樓層和2樓也有座位

1露臺的座位能望見位在對岸的中之島代表建築 2有店家自製的蛋糕和三明治等菜單。照片為受到大家喜愛的蕈菇三明治

☎06-4706-3788 中央区北浜2-1-1 北浜ライオンビルディング 11:00～17:30 休不定休 各線北濱站即到
MAP附錄10 E-2

在視野良好的露臺座品嘗健康的早午餐

NORTH SHORE

‖北濱‖ノースショア

面向土佐堀川的小餐館。一早便開始營業，有許多使用大量新鮮蔬菜和水果的健康餐點。2樓也有外帶區，因此也推薦大家在中之島公園享受早午餐。

☎06-4707-6668
中央区北浜1-1-28 ビルマビル2F 7:00～18:00 休不定休
各線北濱站即到
MAP附錄10 E-2

1俯視土佐堀川，視野充滿開闊感 2豆苗烤雞三明治1320円 3熱帶風味鬆餅1512円

搬到同棟大樓2樓重新裝修完畢

在橫跨中之島的水晶橋附近還有「中之島LOVE CENTRAL」，是有餐廳入駐的複合設施。

希望能在生活中長久相伴的物品

正因為每天都要使用，最好是能長久珍惜使用的物品。
真正的好東西不會令人厭倦，馬上就能融入生活的風景當中。
在悠哉度過的旅行時光中，要不要試著找找看呢？

天神橋筋商店街的
咖啡廳＆雜貨店

kaico cafe

‖大阪天滿宮‖カイコカフェ

仍留有昭和商家氛圍的咖啡廳和生活用品店。1樓陳列著料理器具、餐具等在日本各地長期受到喜愛的商品。2樓則是咖啡廳空間專門提供店家自製的甜點和手沖咖啡。

☎06-6809-6188
北区天神橋1-12-21
11:30～19:30 休 週二
JR東西線大阪天滿宮站步行5分 MAP 附錄4 D-3

1 咖啡師試作的手沖壺11000円～、牛奶鍋6500円～
2 在咖啡廳能品嘗到戚風蛋糕500円與原創特調咖啡550円
3 展現職人精緻手藝的商品

1 除了復古的文具之外，還陳列著器皿、首飾、木偶等 2 裁切圖案可愛的紙張，再印上橫線製成原創的信紙與信封 3 窗邊有寫信的空間

能在窗邊的絕佳座位
寫信的雜貨店

ポスト舎

‖靭公園‖ポストしゃ

販售採購自中東歐各國的文具、玩具等商品的雜貨店。最大的特點是這裡有能寫信的空間。嘗試挑選原創的信紙和信封，在這裡享受書寫文字的時光。

☎06-6147-9662 西区京町堀1-13-2 藤原ビル5F54
11:30～19:00 休 週二，第1、3週日 地下鐵各線本町站步行5分
MAP 附錄11 C-3

Dishes bowl S
1980円

un Jour après
midi plate
2530円

昭和誕生的鋁製品「ダイヤ印」

「DAIYA MAISON」老闆的老家是創業於1935年的鋁製品「ダイヤ印」工廠。現在仍製作著質樸可愛的生活用具。

器皿創作家 — 飯干祐美子的產品

yumiko iihoshi porcelain Osaka

‖淀屋橋‖ユミコイイホシポーセリンオオサカ

店內陳列著簡單又有溫度的作品，是以「介於手作與產品之間的東西」為理念所孕育出來的。作品的特點是一下便能融入日常生活，外觀簡約漂亮，並且顏色跟日式、西式的餐點都很相配。

☎06-6232-3326 ⌂中央区伏見町3-3-3 芝川ビル301
🕒11:00～18:00 休 週一～四
※最新營業日、時間需於官網確認 地下鐵御堂筋線淀屋橋站即到
MAP 附錄10 D-3

1 3 由於是採手工上釉的關係，每個作品的都有不同的表情。使用霧面釉藥，手感舒適 2 店家位在復古的大樓內

1 鋁製品也精選了「ダイヤ印」以外的產品 2 ダイヤ印的什錦湯鍋1540円、學生杯660円～ 3 用鋁製杯展示觀賞植物

昭和懷舊的鋁製品之新提案

DAIYA MAISON

‖堀江‖ダイヤメゾン

以在東大阪工廠製作的鋁製品「ダイヤ印」為主，精選出懷舊卻又新穎的雜貨。咖啡廳營業時，會使用鋁製餐具裝盛布丁、豆花、刨冰等甜點給顧客享用。

☎06-6575-9772 ⌂西区南堀江4-10-5 2E(2F) 🕒休 不定期營業(詳情需於店家IG確認)
地下鐵各線西長堀站步行5分
MAP 附錄7 B-1

yumiko iihoshi porcelain Osaka所在的芝川大樓裡也有選貨店、咖啡廳等店家進駐其中。

在內有雜貨跟咖啡廳的書店尋找新發現

選書的眼光就不用多說，大阪的書店每家都有自己鮮明的個性。
除了書籍以外，書店裡還齊聚了雜貨、文具、藝術家製作的首飾等，
店家精選出的出色好物，讓人不禁在此長時間逗留。

1地下1樓擺滿了新書、二手書、個人出版書籍、商品等 2小空間的擺設也很有趣 3也有杯子、器皿等餐具類的商品 41樓充滿著「谷口咖哩」的辛香料香氣 5有相當多個性豐富的書籍，光看封面也倍覺有趣

FOLK old book store

‖北濱‖フォークオールドブックストア

書目從藝術、非主流文化、小說到紀實書寫類皆有挑選，雖然種類乍看雜多，但卻以不可思議的整體感吸引愛書者前來。包含處處可見的雜貨在內，令人有種在尋寶般的感覺，會想在店內流連徘徊。1樓為咖啡廳空間，部分空間每週會租借給咖哩店和咖啡廳店家營業。

1樓的咖啡廳空間。
各店家租借時間：
週二～五為谷口咖哩；
週四、五為2cups；
週日為露草社喫茶

☎無 中央区平野町1-2-1 書店、咖啡廳13:00～19:00（週六、日為～18:00，谷口咖哩為11:30～售完打烊）休書店、咖啡廳為週一；谷口咖哩為週六日、假日 各線北濱站步行8分 MAP附錄10 F-3

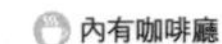 販售二手書 販售新書 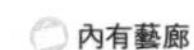 內有咖啡廳 內有藝廊

受到現磨咖啡和藝術書籍吸引

在商業區的寧靜空間享受藝術書籍

Colombo

‖南船場‖コロンボ

以高雅品味的陳列著攝影集、隨筆散文、料理、手工藝等有趣的二手書籍。採用正統義式濃縮咖啡機沖泡的咖啡與古董雜貨也頗受好評。

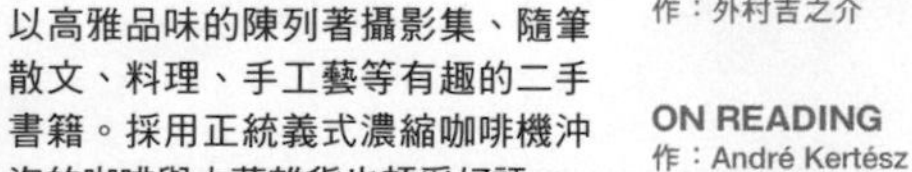
☎06-6241-0903 ⌂中央区南久宝寺町4-3-9丸盛ビル1F ⏲12:00～20:00（週日、假日為13:00～19:00）休週三（逢假日則營業）‼地下鐵各線心齋橋站步行5分 MAP附錄15 A-2

世界民藝
作：外村吉之介

ON READING
作：André Kertész

Calo Bookshop&Cafe

‖肥後橋‖カロブックショップアンドカフェ

店內除了有現代美術、攝影、設計等視覺影像的書籍，還有石川老闆精選的好書。同時還開設了藝廊，及現磨咖啡和咖哩的美味咖啡廳。

☎無 ⌂西区江戸堀1-8-24 若狭ビル5F ⏲12:00～19:00（週六為～18:00），咖啡廳為～18:30（週六為～17:30）休週日、一 ‼地下鐵四橋線肥後橋站即到 MAP附錄11 C-3

印尼的ZINE
還有少見的印尼ZINE小誌。採用RISO印刷外觀，流行又可愛

大樓月刊
各220円～
由以大阪為據點的BMC編輯。每本月刊都以昭和復古大樓為特集

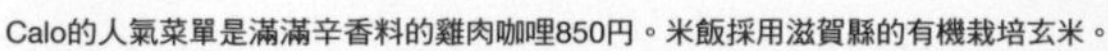
Calo的人氣菜單是滿滿辛香料的雞肉咖哩850円。米飯採用滋賀縣的有機栽培玄米。

該用哪個好呢？讓人心情雀躍的可愛迷人的雜貨與文具

紙類雜貨的圖案可愛度就不用多說，還有各種不同的質地，就算小小的也有豐富的表現力。在擺滿小巧可愛商品的店家，度過在心動雀躍中挑選喜愛物品的幸福時光。

販售東歐雜貨和原創文具

CHARKHA ‖空堀‖チャルカ

擺滿從捷克到匈牙利帶回的旅遊雜貨。特別像是捷克的珠子、繡線鈕扣、玻璃鈕扣、蕾絲等手工藝材料相當豐富。擁有品味的紙製品和原創文具也很推薦，這裡有超多僅此無二的雜貨。

☎06-6764-0711 ⌂中央区瓦屋町1-5-23 ⏲13:00～18:00
休 週日～三 ‼地下鐵各線谷町六丁目站步行6分
MAP 附錄6 D-1

捷克的繡線鈕扣組671円，纏繞著的繡線花紋相當可愛

方便整理收納小東西的紙箱，材質堅固且尺寸方便使用1430円

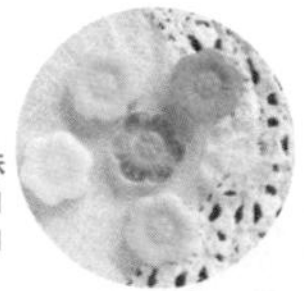

捷克製的玻璃珠子，就算只有1顆也很顯眼，1個154円

捷克的繡線鈕扣，像店前擺放的樣本（非賣品）一樣做成首飾也很不賴

匈牙利色彩鮮艷的手工刺繡，也會用在民族服飾上

集結「可愛大人風」的閣樓

Attic Days ‖中崎町‖アティックデイズ

店內滿是吸引成年女性的可愛物品。以精選自全國藝術創作家的創作品為中心，擁有種類豐富的獨創首飾和別針類商品。幸福的象徵 ── 貓頭鷹齊聚的專區也很受歡迎。

☎無 ⌂北区中崎西4-1-9 1F ⏲12：30～18:00
休 不定休 ‼地下鐵谷町線中崎町站步行4分
MAP 附錄8 D-1

1可愛的首飾與別針琳瑯滿目 23運用色彩繽紛的布料，製作出吸睛的耳環及耳骨夾

4每個表情都不一樣的手作小臉蝴蝶結別針1個1650円
5貓咪刺繡別針13200円

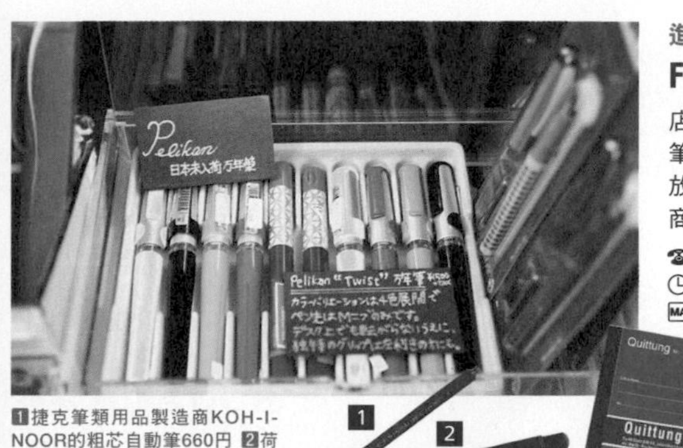

進口文具和西洋書籍的選貨店

Flannagan ‖南船場‖ フラナガン

店裡滿是好用度和設計性絕佳的進口文具。尤其是鋼筆和筆類，書寫相當流暢舒適，全是讓人用過就無法放手的好東西，有可能在這裡遇見日本尚未進口過的商品。還有販售建築和圖像視覺等的西洋書籍。

☎06-6120-2416 ⌂中央区南船場3-2-6 大阪農林会館401A ⏲12:00～19:00 休 週二 ‼地下鐵各線心齋橋站步行3分 MAP 附錄15 B-3

1捷克筆類用品製造商KOH-I-NOOR的粗芯自動筆660円 2荷蘭製的BRUYNZEEL鋼筆1980円 3德國RHEITA的收據本704円

還能書寫在玻璃和金屬上的紙捲蠟筆1枝77円

來製作屬於自己的筆記本吧

エモジ ‖空堀‖

在這裡能挑選封面、筆記用紙和線圈，製作獨一無二的筆記本。筆記用紙有空白、橫線、行程表、育兒日記等選擇，種類豐富（所需時間約10分）。自製御朱印帳、便條紙等方案也很受歡迎。

☎06-4392-7972 ⌂中央区谷町6-4-24 ⏲12：00～18:00 休 週一、二 ‼地下鐵各線谷町六丁目站步行5分 MAP 附錄6 D-1

封面備有厚紙、皮革、布面等各種材質

有12個信封的資料整理筆記完成啦（照片為2160円）。1000円起能體驗製作筆記本

設計可愛的活版印刷卡片、書信盒各1980円

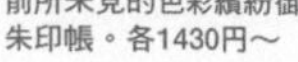

前所未見的色彩繽紛御朱印帳。各1430円～

等候エモジ製作原創筆記本時，推薦大家在空堀的街區中散散步。

珍貴的伴手禮就選
長年受喜愛的老店風味

對食物要求頗多的「大阪人」在歷經多代仍舊喜愛的風味，盡是能感受到職人的堅持講究，以及大阪飲食文化的美味。要不要買些大家都會喜歡的伴手禮回去呢？

配飯的好朋友

鹽昆布 添加山椒

肉質吃起來厚實又Q彈柔軟，且甜度恰到好處，帶出天然食材擁有的自然美味。90g1188円

神宗 ‖淀屋橋‖ かんそう

☎06-6201-2700
中央区高麗橋3-4-10
10:00～17:00（週六為～16:00） 休 週六日、假日
各線淀屋橋站步行3分
MAP 附錄10 D-2

泉州水茄子丸漬

能享受到大阪傳統蔬菜—香甜多汁的泉州水茄子稍作醃漬的口感。在EKI MARCHÉ新大阪也可以買到。1個605円

おつけもの処 高野
‖天王寺‖ おつけものどころたかの

☎06-6770-3131（高野食品）
天王寺区大道1-2-1 10:00～17:30 休 週日（有臨時公休）
※目前因改裝工程暫停營業中，重新開幕時間需☎確認
各線天王寺站步行13分
MAP 附錄6 E-4

能用手輕巧拿取的老店日式點心

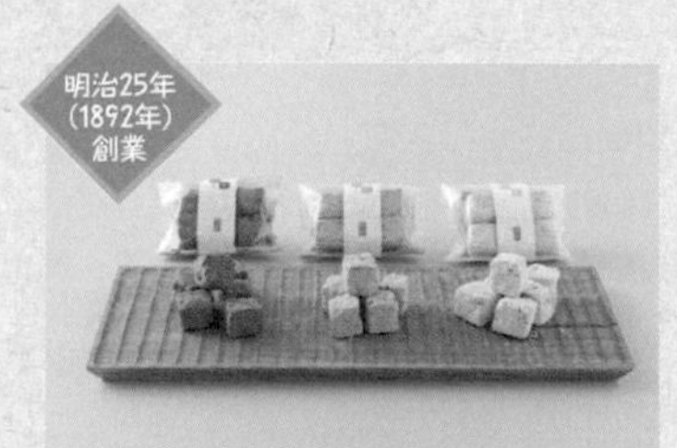

いしいし三芳包み

將獨家調和的蜜糖裹住炒得香氣四溢的米和杏仁，做成立方狀的米香點心，口感比一般的米香更輕盈酥脆。有可可、抹茶、黃豆粉3種口味。9包3000円

粟新 ‖住吉東‖ あわしん

☎06-6671-4770 住吉区上住吉1-11-11
10:00～18:00 休 週三 南海高野線住吉東站步行5分 MAP 附錄2 B-6

小佳女 火男

味道高雅的生巧克力擁有滑順的口感，並融合了高級宇治抹茶清爽的茶澀味和散發香氣的焙茶風味。各1296円

宇治園 心斎橋本店
‖心齋橋‖ うじえんしんさいばしほんてん

☎06-6252-7800
中央区心斎橋筋1-4-20
10:30～21:00 休 無休
地下鐵各線心齋橋站即到
MAP 附錄14 B-5

請品嘗看看 老店獨有的不變美味

大正8年(1919年)創業

Crystal Bonbon

有如寶石閃耀的3色小巧砂糖菓子。咬下的瞬間糖衣清脆彈開，利口酒從中融化，富饒的香氣與淡淡的香甜在口中散發開來。1620円

長崎堂 心斎橋本店

‖心齋橋‖ ながさきどうしんさいばしほんてん

☎06-6211-0551
中央区心斎橋筋2-1-29
10:00～17:30 休 週二、三
地下鐵各線心齋橋站步行6分
MAP 附錄14 B-5

文化2年(1805年)創業

粟米香

酥脆有嚼勁和單純的香甜滋味為其魅力所在，是經典的大阪伴手禮。這也是受到明治天皇喜愛的一道點心。10片裝756円

あみだ池大黒

‖堀江‖ あみだいけだいこく

☎06-6538-2987 西区北堀江3-11-26
9:00～18:00（週六日、假日為11:00～17:00）休 無休 地下鐵各線西長堀站即到 MAP 附錄12 A-4

昭和10年(1935年)創業

炭燒友禪

職人細心烤製出的米菓，酥脆又香氣四溢，散發著白醬油高雅的風味。15片裝1080円

井の一 ‖天下茶屋‖ いのいち

☎06-6661-5371 西成区天下茶屋1-27-7 9:00～17:00 休 週六日、假日 各線天下茶屋站步行5分
MAP 附錄2 B-5

大正6年(1917年)創業

ぽんぽん船

用白豆沙餡和奶油風味的麵團將大塊的栗子包裹起來烤製而成。溫和的味道就好像古早又美好的大阪風景。1個226円

浪花銘菓 大六堂

‖大正‖ なにわめいかだいろくどう

☎06-6551-0542 大正区三軒家西3-6-10
9:00～19:00 休 週二 各線大正站步行7分
MAP 附錄7 A-2

在做出可愛「Crystal Bonbon」的「長崎堂」，請大家一定要嘗嘗看店裡的招牌商品 ── 長崎蛋糕，味道備受喜愛。

受到美味的香氣吸引，
隨著興致
走進沒去過的店家。

請大家在大阪
也找到一家專屬自己、
心中所愛的店吧。

美味好吃的大阪

正因為是「會讓人吃到口袋空空的城市」
與美食的相遇便是這趟旅行的精華所在。
大阪燒、章魚燒、烏龍麵……，
正宗在地的「粉物」就不用說了，
大阪還有其他「便宜又好吃」的美食。
走在美味的街區，
尋找別的地方沒有的美食吧。

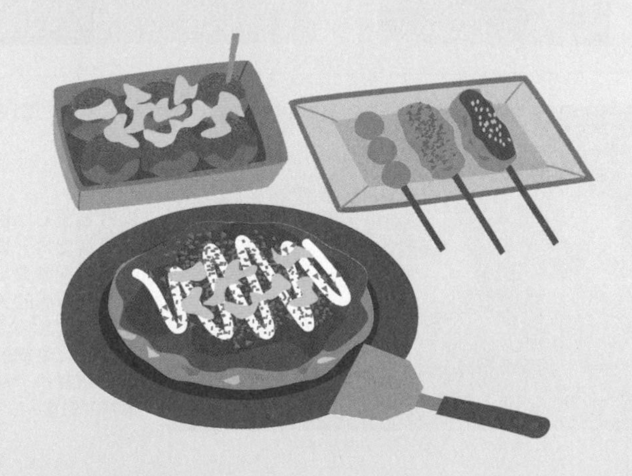

說到大阪知名美食，果然還是少不了「粉物」── 大阪燒

這座會讓人吃到口袋空空的城市代表平民美食之一。
正因為在當地，對麵糊、食材配料、醬汁都有極高的要求。
吃幾個來比較風味，這也是大阪特有的樂趣。

蒸烤出蓬鬆柔軟的口感

おかる

‖千日前‖

從以前就擁有很多大阪藝人粉絲的大阪燒店。這裡的大阪燒特徵是蓋上蓋子，蒸烤出蓬鬆柔軟的口感，最後加上特製醬汁、美乃滋、青海苔粉和柴魚粉，是即使每天吃也不會膩的大阪美食。

☎06-6211-0985 ⌂中央区千日前1-9-19 ⏰12:00～14:30、17:00～21:30 休週四、第3週三 ‼地下鐵各線難波站即到 MAP附錄18 C-1

氛圍平易近人的店家

1加了2顆蛋、蝦子、花枝等的特製大阪燒1300円 2還有用美乃滋畫上圖案的服務 3店內氛圍復古又溫暖

干貝與豬五花的最強組合，鬆鬆軟軟的山藥燒1680円

使用大量山藥製作，麵糊滑順相當美味

美津の

‖道頓堀‖みづの

以考量粉的比例調配而成的麵糊為主角，每天早上從黑門市場採購食材，不吝惜食材所製作出的大阪燒堪稱絕品。招牌品項「山藥燒」用山藥取代麵糊的粉，跟蛋一起煎烤製作，能品嘗到鬆軟獨特的口感。

☎06-6212-6360
⌂中央区道頓堀1-4-15
⏰11:00～21:00 休無休
‼地下鐵各線難波站步行5分
MAP附錄18 C-2

總是大排長龍，很受歡迎的樣子

在大阪一般都是用「鏟子」吃

在這裡一般都是用鏟子直接鏟起大阪燒吃，不用筷子。雖然很會燙，但一邊燙得嘴巴呼呼地吹氣，一邊吃著也很開心。

1半熟蛋與炒麵配在一起的美味摩登燒913円 2經典人氣口味 — 豬肉蛋，風味單純才能將美味展現出來 3在面前的鐵板煎台豪邁製作大阪燒的店員也很引人注目

散發紫蘇風味，
吃起來清爽無比

きじ

‖JR大阪站前‖

位在高架下，充滿大阪風情、熱鬧非凡的新梅田食道街，經營已傳承3代。店家的特徵是所有的大阪燒都會添加紫蘇，清爽的香氣更突顯其美妙滋味。豬肉蛋748円，MIX蛋957円等，經典菜單每種都很受歡迎。

☎06-6361-5804
北區角田町9-20 新梅田食道街
11:30～21:30 休週日 地下鐵御堂筋線梅田站即到 MAP附錄9 C-2

1954年開始營業的人氣店家

高麗菜清脆可口，口感輕盈絕妙

味乃家

‖道頓堀‖あじのや

這家店位在松竹座旁，店內的和式座位牆上排著許多名人的簽名。這裡的大阪燒加了大量高麗菜，1片大阪燒大概只用了1杯左右的麵糊，製作出清脆的輕盈口感。直徑約10cm的3色迷你尺寸1150円能夠享受到多種口味，因此很受歡迎。

☎06-6211-0713 中央區難波1-7-16 現代こいさんビル2Ｆ
11:00～21:30（週五、六為～22:00）休週一
地下鐵各線難波站即到
MAP附錄18 C-3

親子四代傳承至今的名店

最受歡迎的味乃家MIX大阪燒1430円

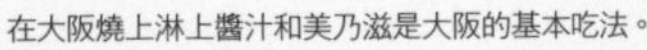

在大阪燒上淋上醬汁和美乃滋是大阪的基本吃法。

在正宗發源地才有這麼多變種創新的大阪燒類型

因為大阪市區到處都是大阪燒店，
所以每家店都在口味創新上下了不少工夫，吃起來很有樂趣。
不僅是經典口味，也試著挑戰看看變種創新的口味吧。

1 小巧燒9種口味1738円、6種口味1188円，能享受多種口味又經濟實惠
2 爬上樓梯前往2樓
3 店內氛圍充滿復古樂趣

尺寸小巧，能享受各種口味

ぼんくら家 道頓堀店

‖道頓堀‖ぼんくらやどうとんぼりてん

充滿道頓堀氛圍，熱鬧活潑的店。除了有加上高麗菜絲，煎得鬆軟可口的大阪燒之外，還有豐富的鐵板燒菜單和甜點。這裡獨特的大阪燒是「小巧燒」，能從豬肉、花枝、鮮蝦、培根、明太子美乃滋、泡菜、大蒜、章魚、起司、青蔥裡挑選9種口味組合搭配。

人氣BEST 3		
第1名	ぼんくら燒き（大阪燒）	1848円
第2名	豬肉炒麵	968円
第3名	油渣高麗菜	1298円

☎06-6211-8941 ⌂中央区道頓堀1-5-9 2F
🕒11:30～23:00（週日為～22:00、週一為17:00～23:00）
休 無休 ‼地下鐵各線難波站步行3分 MAP 附錄18 B-1

1 超大的帶頭鮮蝦配上花枝、章魚、牛肉等食材滿滿的千房燒2200円
2 6層樓的建築，整棟都是大阪燒大樓
3 有180個座位

豪華地加進巨大的帶頭鮮蝦

千房 道頓堀ビル店

‖道頓堀‖ちぼうどうとんぼりビルてん

有桌型座位和日式座位等，5層樓每個空間都有不同形象的大樓，簡直就是大阪燒殿堂。除了有人氣NO.1的道頓堀燒1850円之外，還有青蔥燒MIX1680円、廣島燒MIX1680円等，每種口味和分量都讓人大大滿足。一般全餐或附有喝到飽的宴會全餐也都很受歡迎。

人氣BEST 3		
第1名	道頓堀燒（豬肉、牛筋、起司、花枝、鮮蝦）	1850円
第2名	廣島燒MIX（豬肉、花枝、鮮蝦）	1680円
第3名	青蔥燒MIX（牛筋、豬肉、花枝、鮮蝦）	1680円

☎06-6212-2211 ⌂中央区道頓堀1-5-5
🕒11:00～22:00 休 無休
‼地下鐵各線難波站步行5分 MAP 附錄18 B-1

醬汁是決定味道的關鍵

每家店都會開發祕傳的自製醬汁。在大阪，香辣濃郁的「DORO醬汁」很有人氣，一般超市也有販售。

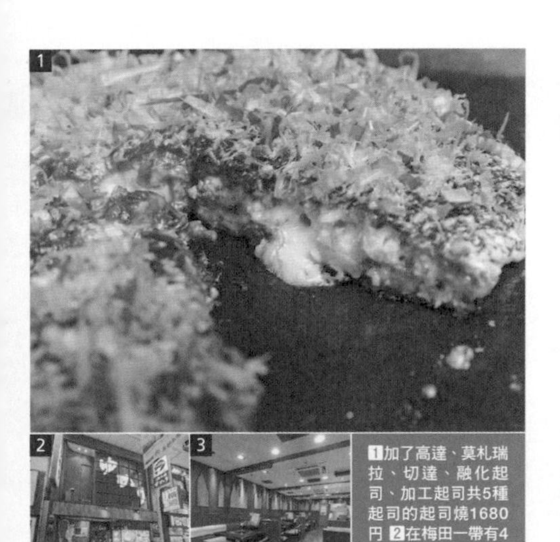

1加了高達、莫札瑞拉、切達、融化起司、加工起司共5種起司的起司燒1680円 2在梅田一帶有4家店的人氣店家 3店內有96個座位

5種分量十足的起司，融化滿溢出來

お好み焼 ゆかり 曽根崎本店

‖梅田‖おこのみやきゆかりそねざきほんてん

粉的混合比例、醬汁、麵條等都是店家自己製作，使用的麵糊和美乃滋中都加了碘蛋等，處處可見店家的講究之處。經典菜單就不用多說，也不斷有加了豐富食材的新品項登場。桌上備有醬汁、柴魚片、青海苔粉等，能讓顧客隨意調整口味。

人氣BEST 3

- 第1名 特選MIX燒（豬五花、花枝、蝦仁）……1400円
- 第2名 國產牛筋青蔥燒（國產牛筋、蒟蒻）……1460円
- 第3名 蛋包炒麵（豬五花、洋蔥、花枝、蘑菇）……1120円

☎06-6311-0214 ⌂北区曽根崎2-14-13 ◷11:00～22:00
休 不定休 ‼地下鐵谷町線梅田站即到
MAP 附錄9 C-3

1青蔥燒裡面有腱子肉、蒟蒻、馬鈴薯 2環繞鐵板的吧檯座
3人氣口味──泡菜豬附蛋1030円

視覺衝擊十足，令人驚豔的青蔥小山

お好み焼き 三平

‖心齋橋‖おこのみやきさんぺい

招牌菜單──青蔥燒1370円起，青蔥的分量幾乎將麵糊完全覆蓋，據說青蔥小山約有9cm高。這家店也罕見地在青蔥燒裡加進馬鈴薯作為提味秘方。此外，奶油醬油炒烏龍麵830円、泡菜豬（附蛋1050円）也受到很多粉絲喜愛。

人氣BEST 3

- 第1名 青蔥燒（牛筋、蒟蒻、馬鈴薯）……1370円
- 第2名 鮮蝦紫蘇起司……1260円
- 第3名 奶油醬油炒烏龍麵……830円

☎06-6214-0503 ⌂中央区心斎橋筋2-2-10 新日本三ツ寺ビル1F
◷12:00～14:30、17:00～22:00 休 週一（逢假日則翌日休）
‼地下鐵各線心齋橋站步行6分 MAP 附錄18 A-2

大阪燒的日文是「お好み焼き」，有源自加入自己喜歡（お好み）的食材煎烤（焼く）而來的說法。

讓人想當點心吃，在當地好評不斷的美味章魚燒

說到能輕鬆享用的「粉物」，就是章魚燒了！
雖說是簡單的食物，卻能享受到醬汁、鹽味等不同的口味，
這是在正宗發源地才能體會到的魅力，肚子有點餓時一定要來吃吃看。

使用特製美乃滋讓味道溫和圓潤

甲賀流本店

‖美國村‖こうがりゅうほんてん

美國村的人氣店。麵糊裡加了大量山藥，口感鬆軟柔嫩，特製美乃滋與甘口醬汁也十分對味，口味著重在突顯大塊章魚的鮮美滋味。除了經典的醬汁配美乃滋之外，還有「青蔥配醬汁」、「青蔥配柑橘醋」、「醬油配美乃滋」等。

☎06-6211-0519 ⌂中央区西心斎橋2-18-4 ⏱10:30～20:30（週六、假日前日為～21:30）休無休 ‼地下鐵各線心齋橋站步行5分 MAP附錄12 D-5

（左）位在三角公園前排隊人潮絡繹不絕
（右）翻轉柔軟麵糊的動作十分靈巧

彈牙有嚼勁的章魚搭配柔嫩的麵糊，醬汁的酸味恰到好處地增添美味

醬汁配美乃滋10個500円。軟嫩得像是要化開的麵糊與美乃滋的組合

充滿高湯香氣的麵糊，口感鬆軟滑嫩

元祖たこ昌 道頓堀本店

‖道頓堀‖がんそたこまさどうとんぼりほんてん

在店內除了能享用招牌的醬油口味章魚燒之外，還有青蔥章魚燒、明石燒等各種口味的章魚燒。麵糊使用風味富饒的特製醬油，充滿鮮美滋味。

☎06-6212-3363 ⌂中央区道頓堀1-4-15 ⏱11:00～19:30 休不定休 ‼地下鐵各線難波站步行5分 MAP附錄18 C-2

（上）醬油口味章魚燒8個720円
（下）章魚燒外帶6個540円～

酥脆口感令人上癮

たこ焼十八番 SONS-DOHTONBORI店

‖道頓堀‖たこやきじゅうはちばんサンズどうとんぼりてん

麵糊混合了高湯與牛奶，鋪上滿滿天婦羅花的原創章魚燒很受顧客歡迎。外皮酥脆、裡頭嫩滑的口感帶來新鮮體驗。

☎06-4256-2818 ⌂中央区道頓堀1-8-26 ⏱11:00～22:00 休無休 ‼地下鐵各線難波站步行5分 MAP附錄18 B-2

（上）能享受到最受歡迎的鹽味與醬汁配美乃滋，2種口味各半10個800円（下）標記是巨大的章魚燒招牌看板

多吃幾家，找出自己喜歡的味道

章魚燒大致上能分成醬汁系、醬油系和原味系。再加上青蔥和美乃滋等配料上的巧思，風味也會隨之產生變化。

高湯風味明顯，能什麼都不加直接這樣吃

麵糊加了昆布高湯、醬油、香氣四溢的柴魚片

在章魚燒發祥店品嘗
一如往昔的樸質風味

会津屋 本店

‖玉出‖あいづやほんてん

第一代老闆受到明石燒的啟發，在加入牛筋肉和蒟蒻燒烤製成的收音機燒裡，改加入章魚，這便是章魚燒的起源。從此店家便守著這八十多年來未曾改變的味道。這裡的章魚燒有著高湯的鮮甜滋味，跟Q彈有勁的章魚組合堪稱一絕。

☎06-6651-2311 西成区玉出西2-3-1 11:00～22:00 休無休 地下鐵四橋線玉出站步行3分 MAP附錄2 B-5

（左）在梅田、難波等處有10家店
（右）冷了也好吃的章魚燒

食材種類豐富，能由顧客
創意組合的嶄新店家

蛸之徹 角田店

‖梅田‖たこのてつかくたてん

能讓顧客慢慢燒烤製作，風格罕見的店家。從經典的章魚、起司、鳳梨和20種以上的豐富食材中挑選。來這裡嘗試看看其他地方吃不到的，屬於自己的口味吧。

☎06-6314-0847 北区角田町1-10 11:30～22:30 休不定休 地下鐵御堂筋線梅田站步行5分 MAP附錄9 C-2

（上）加了大塊章魚的經典人氣口味，普通分量為12個720円（下）附有章魚燒專用鐵板的桌型座位

青蔥與半熟蛋
交織融合

くれおーる道頓堀店

‖道頓堀‖くれおーるどうとんぼりてん

道頓堀的人氣排隊店家。冷了也很好吃的章魚燒，要配上原創醬汁或高湯醬油享用。在店裡也能夠品嘗到大阪燒、串炸等大阪美食。

☎06-6212-9195 中央区道頓堀1-6-4 10:00～22:00 休無休 地下鐵各線難波站步行5分 MAP附錄18 B-2

（上）半熟蛋和滿滿青蔥6個700円（店門口650円）
（下）位在道頓堀中心區域

道頓堀為章魚燒激戰區。因為有超多店家，一定要多方比較味道。

在非常時尚的空間裡品嘗串炸……這就是享受新經典的方式

想不想時尚地享受大阪名物 — 串炸呢？
串炸的種類與口味都很豐富，跟葡萄酒也非常相搭。
食材搭配出類拔萃，有著特別的美妙滋味。

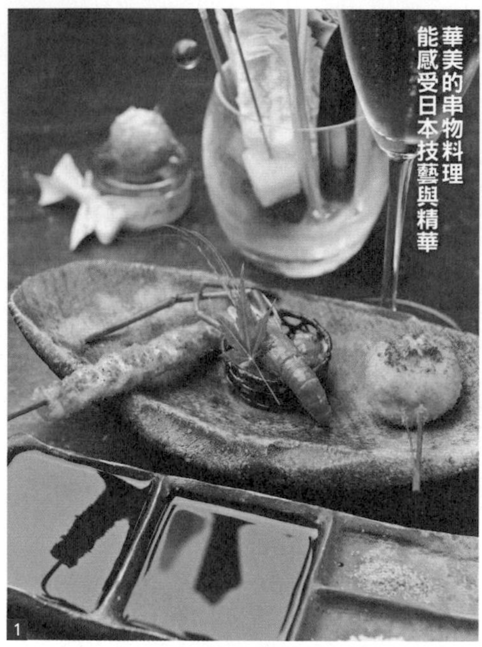

Wasabi

‖法善寺横丁‖ワサビ

將季節食材炸得酥脆美麗的創作串物料理名店。獲得米其林指南星等，受到大眾關注。細心製作的串物，令人能感受到食物搭配組合的絕妙之處。

☎06-6212-6666 ⌂中央区難波1-1-17
🕒17:30～19:30 休週日 ‼地下鐵各線難波站步行5分 MAP附錄18 C-2

1 Wasabi全餐11000～14500円。能享受到原創的創意串物 2 充滿大阪風情的小巷一隅

だるま きわ味

‖北新地‖だるまきわみ

主廚以精湛的技巧油炸嚴選的高級食材。用米糠油炸得酥脆的串炸，最後用配料裝飾得華麗精美。試著用紅酒佐餐，以時尚的方式品嘗美食。

☎06-6341-2730 ⌂北区曽根崎新地1-5-25 だるまビル3F
🕒17:00～23:00 休週日
‼JR東西線北新地站即到
MAP附錄9 B-4

1 創作串炸9串加上季節湯品等，附有6道料理的全餐4800円 2 店裡有吧檯座和半包廂式座位可選

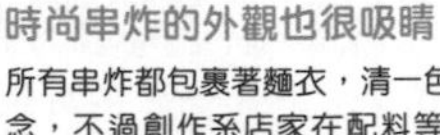

時尚串炸的外觀也很吸睛

所有串炸都包裹著麵衣，清一色為黃褐色的概念，不過創作系店家在配料等處下了一番功夫，外觀也很華麗。

以精緻手藝誕生讓人驚喜連連的創作串炸

串かつ 凡

‖堂島‖くしかつぼん

廚師細心處理A5等級的夏多布里昂牛排、鵝肝醬、車蝦等食材。這家串炸的麵衣加了蛋白霜，再沾上薄薄一層的極細麵包粉，以豬油與棉籽油混合而成的油酥炸而成，一串串都是能與單品料理匹敵的美味。

☎06-6344-0400 ⌂北区堂島1-3-16 堂島メリーセンタービルB1 ⏰17:00～23:30(入店為～21:30) 休無休 ‼JR東西線北新地站步行5分 MAP附錄9 B-4

1使用北海道海膽與魚子醬等食材的串炸，無菜單全餐有25種以上 2鵝肝也很受歡迎 3店內裝潢相當有品味

巧妙組合的創作令人雀躍不已

旬s

‖JR大阪站前‖しゅんず

使用當季食材的創作串炸，通常有30種以上的口味。講究脫油程序，能品嘗到清脆健康的美麗串炸。季節絕品午餐（10串串炸）為2017円，晚上還有每月不同的晚間套餐3500円。

☎06-6485-7800 ⌂北区梅田3-1-3 10F ルクアダイニング ⏰11:00～21:30(單點料理、飲品為22:00) 休不定休 ‼直通JR各線大阪站 MAP附錄9 B-2

1能享受當季食材的季節絕品午餐很受歡迎（附豆腐沙拉、白飯、味噌湯）2位在車站地下街，店內氛圍摩登

在新世界 P.77也能吃到大阪名物 — 串炸。請鎖定目標JAN JAN橫丁。

在大阪了解到高湯文化的精髓，口感Q彈有勁的絕品烏龍麵

說起大阪的飲食文化，就不能不提充滿滋味鮮美的高湯。
來享用味道爽口，同時又講求風味醇郁的湯頭，
配上口感Q彈的麵條所帶來的融洽美味吧。

滋味鮮美的優質高湯
讓人想喝到一滴不剩

道頓堀 今井

‖道頓堀‖どうとんぼりいまい

雖位在熱鬧的道頓堀一隅，但卻風情雅致的店家。除了經典的豆皮烏龍麵之外，還有季節烏龍麵、什錦鍋等單點料理，種類豐富多元。每一道菜都能品嘗到琥珀色高湯廣受好評的鮮美滋味。

☎06-6211-0319 ⌂中央区道頓堀1-7-22 ⓛ11:30～21:00 休週三 ‼地下鐵各線難波站步行5分 MAP附錄18 B-2

豆皮烏龍麵800円，香甜的豆皮配上高湯，風味絕妙

什錦烏龍麵1500円上頭鋪著色彩豐富的食材

柳樹搖曳作響，風情雅致吸睛的店家

使用北海道昆布、九州產鯖魚乾和脂眼鯡熬煮高湯

雜炊烏龍麵820円。麵條稍粗，富有彈性

在港口一直受到大家喜愛的
大阪烏龍麵老店

うさみ亭マツバヤ

‖南船場‖うさみていマツバヤ

豆皮烏龍麵的發祥店。使用九州產的麵粉、稚內產的昆布、松江產的生醬油和味醂等，跟創業當時一模一樣的材料製成豆皮烏龍麵600円。在戰爭時為了多少能增添飽足感而考量出的雜炊烏龍麵也是這裡的招牌。

有諸多從以前就持續光顧的常客

☎06-6251-3339 ⌂中央区南船場3-8-1 ⓛ11:00～18:00 休 週日、假日 ‼地下鐵各線心齋橋站步行7分 MAP附錄15 B-3

大阪烏龍麵的重點在品味高湯

大阪烏龍麵的品嘗重點在高湯。經過多次嘗試誕生出的絕品高湯，為了要能好好品味它的風味，因此選擇用柔軟的烏龍麵搭配。熬煮入味的高湯非常好喝。

烏龍麵火鍋 4070円（1人份）是美々卯的登錄商標。花上兩小時熬煮的高湯，配上彈性十足的烏龍麵，風味絕佳

超多奢華食材的
元祖「烏龍麵火鍋」

美々卯 本店

‖平野町‖みみうほんてん

烏龍麵火鍋的元祖，加入活蝦等十多種食材，及店家自製的粗烏龍麵燉煮。使用北海道的利尻昆布、土佐清水的宗田柴魚片、枕崎的本枯節柴魚等，花上2小時熬煮的高湯、久煮不爛的烏龍麵還有原創的鍋子等，正因為店家下了許多工夫，料理才會如此美味。

樓上也有和式座位

☎06-6231-5770 住 中央区平野町4-6-18 時 11:30～15:00、17:00～21:00 休 不定休 ‼ 地下鐵各線本町站步行5分 MAP 附錄11 C-3

繚繞著輕盈香氣的琥珀色高湯
是會傳遍全身的美味

にし家 本店

‖心齋橋‖にしやほんてん

店內氛圍有如高級日本料理店，是能以經濟實惠的價格，品嘗到豪華鍋物料理的店家。登錄商標的海鮮鍋「うどんちり」也能單人享用。菜單每月更新，午餐菜單的種類特別豐富，讓顧客怎樣都吃不膩。有因應人數的大小包廂，可提前預約。

位在心齋橋商店街即到的地方

☎06-6241-9221 住 中央区東心斎橋1-18-18 時 11:00～22:30（週日、假日為～22:00） 休 無休 ‼ 地下鐵各線心齋橋站即到
MAP 附錄14 B-4

鍋燒烏龍麵1210円， 用店家自豪的高湯燉煮嚴選食材

上頭放了2隻炸蝦的
咖哩天婦羅烏龍麵1200円

高湯為關鍵精華所在的咖哩烏龍麵，
味道意外地輕盈爽口

御食事処あさひ

‖日本橋‖おしょくじどころあさひ

就像招牌所寫的標語：「絕對自信」一樣，店家對招牌菜單 ── 咖哩烏龍麵也非常講究。將高湯淋在現炸的特大炸蝦天婦羅上，在滋滋作響的聲音中，鮮美滋味滲透整體的咖哩天婦羅烏龍麵。所謂咖哩、高湯、烏龍麵三位一體，就是在說這碗了。

招牌看板上寫著「絕對自信」

☎06-6641-3102 住 中央区日本橋1-16-2
時 11:00～15:00
休 週日、假日 ‼ 地下鐵各線日本橋站即到 MAP 附錄16 E-2

在大阪「きつね」就是指加了豆皮的烏龍麵，「たぬき」則是加了豆皮的蕎麥麵。

被獨一無二的美味感動，大阪的招牌美食

正因為是會讓人吃到口袋空空的城市，對味道當然也很講究。
大阪還齊聚了許多豐富的實力派知名美食。
在吃完「粉物」後，還是值得繼續挑戰喔。

守護大阪壽司文化的
二寸六分箱壽司

箱壽司 2862円（1人份）
醋漬、蒸、烤、燉煮過的食材，全都漂亮的裝進二寸六分（8.5cm）的木型模板中壓製定型

吉野寿司

‖本町‖よしのすし

以大阪壽司＝箱壽司講究至今，創業逾一百七十多年的老店。白飯使用硬質米，越咀嚼越顯風味，來檜木吧檯座位品嘗傳統的大阪壽司吧。大阪壽司也有提供外帶，可帶回飯店好好享用。

2樓有8個吧檯座和20個桌席

壽司 ☎06-6231-7181 中央区淡路町3-4-14 11:00～14:00（外帶為10:00～15:00）休 週六日、假日 各線淀屋橋站步行8分 MAP 附錄10 D-3

沾特製柑橘醋享用
震撼力十足的厚肉河豚

河豚鍋 6600円（1人份）
使用利尻昆布和鰹魚熬製的高湯風味富饒，以酢橘為基底的店家自製柑橘醋味道爽口

太政 千日前本店

‖千日前‖ふとまさせんにちまえほんてん

專賣河豚料理，創業於1948年的老店。河豚鍋使用自下關直送的河豚，務必一嘗。店家自製的柑橘醋使用德島的酢橘、利尻昆布、柴魚等食材製作，能更加凸顯風味清淡的河豚滋味。

還有黑門市場店

河豚料理 ☎06-6633-4129 中央区千日前2-7-18 12:00～21:20 休 週一（10～3月無休） 地下鐵各線難波站步行5分 MAP 附錄16 D-2

登陸商標的人氣
原創菜單

コロペット 1350円（綜合）
在風味獨特的濃厚香醇白醬中，加入蝦子或牛肉的招牌菜單

仏蘭西料理 ネスパ

‖梅田‖ふらんすりょうりネスパ

1949年創業的法式料理店。在使用淡奶製作的白醬中，加入蝦子或牛肉的コロペット已經登記商標。在午餐激戰區的站前大樓裡也是人氣店家，還有經濟實惠的午餐菜單。

店內小巧舒適有如在家一般

法式料理 ☎06-6345-7089 北区梅田1-1-3 大阪駅前第3ビルB2F 11:00～22:00（週六日、假日為～21:00）休 無休 地下鐵谷町線東梅田站步行5分 MAP 附錄9 C-4

大阪的河豚消費量為日本第一

對美食沒有抵抗力的「大阪人」也超愛河豚。明明非河豚產地，消費量卻很高。在大阪有很多便宜又美味的河豚料理店。

因為是肉店直營才能做出肉質軟嫩的究極牛丼

BeefWan 935円

國產黑毛和牛的香甜肉汁隨著蛋液四溢，三葉芹和山椒畫龍點睛提出風味

はり重カレーショップ

‖道頓堀‖はりじゅうカレーショップ

由創業於1919年的老字號和牛專賣店「はり重」經營的洋食店。將Beef（牛肉）裝盛在Wan（椀）內而將店名取名為BeefWan。極上牛丼用鬆鬆軟軟的雞蛋把國產黑毛和牛的鮮美滋味鎖在裡頭。

有時會有沿著御堂筋排隊

洋食 ☎06-6213-4736 ⌂中央区道頓堀1-9-17 ⏲11:00～21:10 休週二（假日、假日前日、12月則營業） ‼地下鐵各線難波站即到 MAP附錄18 B-3

醬汁飄香的豬肩里肌「豬排」專賣店

大豬排定食 1100円

厚切肩里肌用大蒜和豬油煎烤得恰到好處，最後淋上特製醬汁。附白飯和味噌湯

大阪トンテキ ホワイティうめだ店

‖梅田‖おおさかトンテキホワイティうめだてん

在美食之都大阪最早推廣豬排的店，現在以大阪市內為中心開了5家店。運用獨特的調理方式烤製出的豬肩里肌豬排，再淋上大量散發香氣的大蒜和祕傳醬汁，令人食指大動。

以店家自豪的豬肉料理為主的菜單種類也很豐富

☎06-4397-3688 ⌂北区小松原町梅田地下街4-2 ホワイティうめだイーストモール扇町 ⏲11:00～21:00 休奇數月的第3週四 ‼JR各線大阪站步行7分 MAP附錄9 C-3

受到各世代喜愛的原創風味

名物咖哩飯 800円

加了牛筋、雞骨、洋蔥燉煮的咖哩醬是整體重點。加上生雞蛋使味道變得圓潤溫和

自由軒

‖難波‖じゆうけん

創業於1910年的洋食店。在沒有保溫器具的年代，為了能端出熱騰騰的咖哩飯，想出預先將飯與咖哩拌好的做法，成為本店的人氣餐點。這道知名咖哩飯也出現在織田作之助的小說《夫婦善哉》之中。

店內流淌著復古懷舊的氛圍

洋食 ☎06-6631-5564 ⌂中央区難波3-1-34 ⏲11:00～20:00 休週一（逢假日則翌日休） ‼地下鐵各線難波站步行3分 MAP附錄17 C-2

在自由軒很多人會在咖哩飯上淋醬汁一起吃，一定要試試看。

來品嘗當地長年受到喜愛的復古洋食吧

大家知道在大阪的推薦美食之中，許多人會首推「洋食」嗎？
這裡要介紹繼承古早傳統風味、持續守護不變美味的店家，
以及格外受到當地人喜愛的洋食店。

被肉店才有的肉質與老店風味收服

はり重 グリル

‖道頓堀‖はりじゅうグリル

1919年開幕的牛肉專賣店，於1948年開了這家餐廳。由社長親自精選，並只採購母黑毛和牛，因此肉質有掛保證。也有很多到此用餐的親子2代、3代常客都是為了追求這實在的風味而來。

☎06-6211-5357
住中央区道頓堀1-9-17
🕒11:30～21:15 休週二（假日、假日前日、12月則營業）‼地下鐵各線難波站步行3分
MAP附錄18 B-3

香雅飯1320円。在番茄風味濃郁的褐色醬汁中，加入細細燉煮得軟嫩的大塊牛肉

純和風的建築外觀在道頓堀特別吸睛

氛圍古早又美好的洋食店，一個人也能輕鬆入內

牛肉炸肉排2750円。刀子一下就能切開的柔嫩牛腰肉和酥脆的麵衣令人無法抗拒

漢堡排1200円。堅持從以前就有往來的肉店採購肉品。煎烤方式與醬汁都與創業當時一模一樣

漢堡排與多蜜醬汁絕妙協調的滋味

重亭

‖難波‖じゅうてい

遵循古早家庭風味的洋食店。使用創業至今從未變過的食譜，花費一番工夫製作出的溫和味道很受大眾歡迎。使用細心去筋的特製牛豬混合絞肉製作的漢堡排，與風味濃醇的多蜜醬汁簡直絕配。

☎06-6641-5719
住中央区難波3-1-30
🕒11:30～14:30、16:30～19:30 休週二、有不定休 ‼地下鐵各線難波站步行5分
MAP附錄17 C-2

位置靠近難波Grand花月劇場，也有很多藝人常客

創業於1946年

在東京也大受歡迎的グリル梵

位於大阪下町 ── 新世界的グリル梵，其實在銀座還開了一家炸菲力牛排三明治專賣店，是很多名人也會去的人氣店家。

大啖十分耗費時間與功夫的懷舊洋食

グリル梵

‖新世界‖グリルぼん

自創業以來，60多年皆承襲傳統風味至今的洋食名店。不變的風味與復古氛圍，吸引很多演員和文化人的粉絲。招牌香雅飯所使用的多蜜醬汁，是花上1週左右熬製出來的，圓潤溫和的酸味相當特別。

☎06-6632-3765
浪速区恵美須東1-17-17
12:00～14:00、17:00～19:00 休每月6、16、26日（逢週六日則營業、翌日休）※每月有1次連休 地下鐵堺筋線惠美須町站步行3分 MAP附錄19 B-1

創業於1961年

店內裝潢復古，氛圍沉靜

炸菲力燉煮咖哩2100円。在頂級炸菲力牛排淋上原創咖哩醬汁

燉牛舌2750円，使用濃郁醬汁燉煮得軟嫩的牛舌堪稱絕品

以巴黎地下鐵為形象設計，並以藝術為特徵的摩登空間

KAMIYAMA lobby

‖扇町‖カミヤマロビー

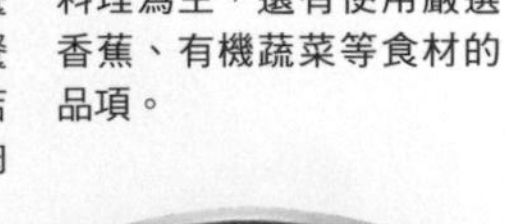

從早午餐到下午茶、晚餐都能在各種時段來此用餐的美食咖啡廳。餐點以店家特別挑選的雞蛋和雞肉料理為主，還有使用嚴選香蕉、有機蔬菜等食材的品項。

☎06-6130-9889
北区神山町2-5
11:00～17:00
休週三、四
地下鐵堺筋線扇町站步行7分 MAP附錄8 D-2

蛋包飯1200円。將德島產的神山雞香料飯像雞蛋拌飯那樣混合炒製而成

在模仿太空船的新穎空間裡稍作休息

喫茶マヅラ

‖梅田‖きっさマヅラ

喫茶店懷舊復古的空間設計充滿魅力，吸引了想追求獨特氛圍、古早美好的昭和咖啡廳風情的廣泛客群前來。除了各種吐司、三明治等輕食之外，聖代也很受歡迎。

☎06-6345-3400
北区梅田1-3-1 大阪駅前第1ビルB1F
9:00～20:30（週六為～18:00）
休週日、假日
JR各線大阪站步行8分
MAP附錄9 B-4

火腿蛋綜合三明治500円

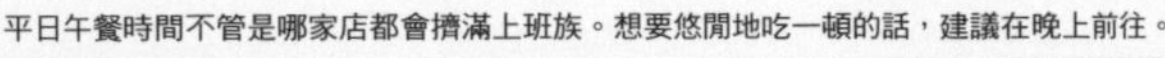

平日午餐時間不管是哪家店都會擠滿上班族。想要悠閒地吃一頓的話，建議在晚上前往。

只有在發源地大阪 才會對蛋包飯如此講究

一般人可能會很意外，但大阪是蛋包飯的發源地。
從鬆軟滑嫩的雞蛋到薄皮裹住的雞蛋，種類也相當豐富。
即使不喜歡吃洋食，大阪的蛋包飯還是有一嘗的價值。

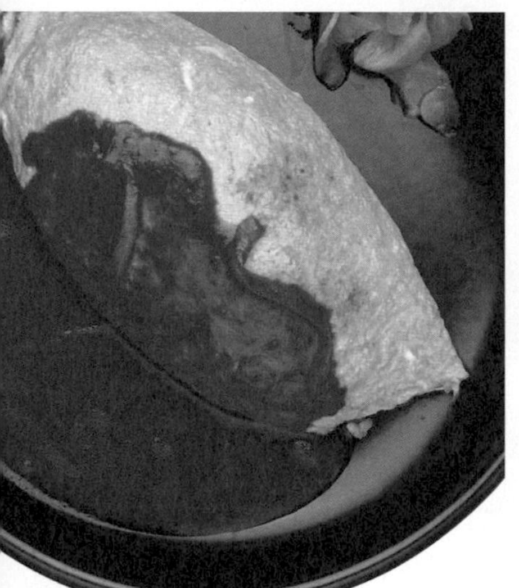

加了大量雞肉、洋蔥等食材，
最受歡迎的雞肉蛋包飯1080円

充滿懷舊風情的
蛋包飯發祥店

北極星

‖西心齋橋‖ほっきょくせい

創業於1922年，因為孕育出蛋包飯而有名的店家，同時也是洋食店的先驅。蛋包飯裡的炒飯加了酒和醬油提味，再用2顆煎得鬆軟的蛋包裹起來，最後淋上特製的番茄醬汁就完成了。經典的雞肉蛋包飯，或是加了整隻龍蝦等種類相當豐富。在關西有15間分店。

店內有中庭，宛如高級日本料理店的氛圍

☎06-6211-7829
⌂中央区西心斎橋2-7-27
🕒11:30～21:30（週六日、假日為11:00～）休無休 ‼地下鐵各線難波站步行5分
MAP附錄14 A-6

絕妙的鬆軟滑嫩口感，
引起話題的蛋包飯

長屋オムライス 大阪駅前第3ビル店

‖梅田‖ながやオムライスおおさかえきまえだいさんビルてん

要說到大阪站周邊的蛋包飯，就是這間車站大樓的知名店家，午餐時段總是有許多常客，熱鬧非凡。僅有吧檯座位，一個人也能輕鬆進入用餐。用了多達3顆蛋，分量十足的蛋包飯有著鬆軟滑嫩的口感。除了原味蛋包飯之外，還有雞肉蛋包飯、培根蛋包飯等豐富選項。

店家位在離梅田站很近的大樓裡

☎06-6344-8206 ⌂北区梅田1-1-3 B2F 🕒11:00～15:30、17:30～20:15 休不定休（準同大阪站前大樓）‼地下鐵谷町線東梅田站步行5分 MAP附錄9 C-4

蕈菇雞肉蛋包飯1000円

日本原創的洋食

蛋包飯是從法語及英語組合而成的和製外來語，是日本獨創的料理。多蜜醬、咖哩醬、番茄醬等蛋包飯使用的醬汁各有特色。

蛋包飯800円，內層雞蛋柔軟又美味，可與串炸1串110円組成套餐

加了牛腿肉泥的
米飯香氣令人滿足

明治軒

‖心齋橋‖めいじけん

1926年起便受到大家喜愛的洋食店。招牌菜單 — 蛋包飯，雖然看來樸實但卻擁有香醇的味道。花上2天時間燉煮的牛腿肉加入炒過的洋蔥、奶油、葡萄酒後製成泥狀，再將其拌入米飯，是相當花費工夫的佳餚。細細燉煮的燉牛肉1900円和串炸5串550円也擁有高人氣。

☎06-6271-6761
⌂中央区心斎橋筋1-5-32
🕒11:00～15:20、17:00～20:30
※有可能變動，詳情需☎確認
休 週三（逢假日則翌日休）
‼ 地下鐵各線心齋橋站步行3分
MAP 附錄14 B-5

2樓有舒適寬敞的桌席

來品嘗親子2代
攜手打造出的法式洋食

Restaurant YOKOO

‖福島‖レストランヨコオ

創業於1971年的洋食店。第1代走洋食風格，有留法經驗的第2代則是走法式風格，兩者融合創意製作的料理很受歡迎。可在品嘗使用季節食材的前菜和鵝肝後，以蛋包飯收尾，隨心情吃喜愛的料理。一手拿著侍酒師精選出的葡萄酒，在此度過一段美好時光吧。

☎06-6453-0409 ⌂福島区福島6-14-4
🕒11:30～14:00、18:00～21:30 休 週日
‼ JR大阪環狀線福島站步行10分 MAP 附錄5 B-2

店內裝潢讓人感受到懷舊的氣氛

蛋包飯960円
樸質的風味是其人氣祕訣

洋食店內的古典裝潢，氣氛舒適，能在這樣的環境中用餐真是不錯。

在當地常客也常來的純喫茶店 度過大人的咖啡時光

在日式咖啡廳裡，縱然時代已變，
仍能感受到在經年累月中醞釀出的美好氛圍。
看著具有年代感的傢俱及用品，在咖啡香的環繞下好好地休息片刻。

1擺放著咖啡磨豆機、壁爐，流淌著創業當時的氛圍 21樓和2樓加起來共有150個座位 3獲得許多廚師讚許的咖啡凍680円 4果凍上加了冰淇淋的冰淇淋咖啡凍820円 51934年創業的日式咖啡廳名店

承襲上一代，風味不變的名物 — 咖啡凍

丸福珈琲店 千日前本店

‖千日前‖まるふくこーひーてんせんにちまえほんてん

綜合大約10種咖啡豆，以獨特的烘焙法沖泡出香醇濃郁的咖啡，廣受好評。沒有添加物的咖啡凍會在舌尖上化開是本店的招牌美食。

☎06-6211-3474
中央区千日前1-9-1
8:00～23:00（餐點LO為22:30） 休無休
地下鐵各線難波站步行10分
MAP附錄18 C-1

穿越到半世紀前的時光

古典音樂、裝潢擺設等，歷經半個世紀承襲至今的日式喫茶店。整個空間讓人就像是穿越到那段古早美好的時代。

受到藝人們喜愛的
復古摩登空間

純喫茶アメリカン

‖道頓堀‖じゅんきっさアメリカン

諸多演員、藝人會來的南區傳統日式咖啡廳。自1946年起就未曾改變的濃郁咖啡，是店家混合7種生咖啡豆烘焙後沖泡而成，請一定要和店家招牌鬆餅一同享用。

☎06-6211-2100 ⌂中央区道頓堀1-7-4 ⏲9:00～21:45（週二為～21:15※假日、假日前日除外）休每月3次週四不定休 ‼地下鐵各線難波站步行5分 MAP附錄18 C-2

1使用特製麵粉的軟呼呼鬆餅套餐1050円 2豪華的吊燈延續至2樓 3很有懷舊感的三明治包裝

風味富饒且
餘韻爽口的咖啡

アラビヤコーヒー

‖難波‖

創業於1951年的老字號咖啡專賣店。現在由第2代高坂夫婦操持經營。在用舊物裝潢點飾的淡琥珀色店內，能品味到讓人每天都會想喝，風味圓潤的咖啡。除了法式吐司之外，在雞蛋裡加了豬腿肉火腿煎製的熱三明治也是本店美食。

☎06-6211-8048 ⌂中央区難波1-6-7 ⏲12:00～17:30（週六日、假日為10:00～18:30）※有可能變動、詳情需於社群網路確認 休週三不定休 ‼地下鐵各線難波站步行5分 MAP附錄18 C-2

1能選擇砂糖或楓糖的名物──法式吐司750円～。特調咖啡550円 2古典溫馨的氛圍 3商標是包著頭巾的大叔

アラビヤコーヒー的上一代老闆非常喜歡滑雪。小木屋風的2樓裝飾著舊烘豆機，氛圍沉靜。

大阪風格的外帶美食 理所當然便宜又美味

以前在當地就受到大家喜愛的老店甜點，
到以獨特創意發想出的有趣美食全都齊聚一堂。
當小點心吃就不用多說，一定要來嘗嘗。

一天賣出17萬個，
代表大阪的豬肉包

豬肉包 420円（2個裝）
豬肉與洋蔥的鮮美滋味在口中迸出散開。包子皮彈性有嚼勁，沾黃芥末醬吃特別有味

551蓬萊戎橋本店

‖難波‖ゴーゴーイチほうらいえびすばしほんてん

在大阪人人皆知的豬肉包名店。講求手工製作，且因店鋪僅開在關西地區，成了日本人經典的伴手禮。燒賣（6個裝450円）也很受歡迎。在新大阪站、伊丹機場等，關西一帶都有分店。

位在商店街的熱鬧區域

☎06-6641-0551 中央区難波3-6-3 ⓛ10:00～21:30 休第1、3週二（假日則不定休） 地下鐵各線難波站即到 MAP附錄17 C-2

風味單純樸實的
大阪百貨公司地下美食街名物

烏賊燒 184円（內用187円）
切塊烏賊的鮮美滋味與酸味明顯的醬汁香氣在嘴裡蔓延開來

阪神梅田本店 阪神名物 いか焼き

‖梅田‖はんしんうめだほんてんはんしんめいぶついかやき

在特製的麵糊中加入烏賊，再用專門鐵板夾住燒烤，單純樸實的一道點心。據說一天約可以賣到8000片，銷售量令人吃驚。冷凍烏賊燒組10片裝（到店自取外帶2268円）可買來當伴手禮。

位於阪神梅田本店的大阪名物

☎06-6345-1201（代表） 北区梅田1-13-13 阪神梅田本店B1 スナックパーク ⓛ10:00～20:30 休不定休 阪神本線大阪梅田站即到 MAP附錄9 C-3

章魚燒×蝦仙貝
在發源地才有的三明治

章魚仙貝 200円
口感酥脆輕盈的蝦仙貝中間夾了柔軟滑嫩的章魚燒

たこ焼道楽 わなか 千日前本店

‖千日前‖たこやきどうらくわなかせんにちまえほんてん

用蝦仙貝夾住章魚燒的創意美食。把章魚燒從中間拿出來單吃，或者是把章魚燒和吸附醬汁的蝦仙貝一起吃，找出自己喜歡的吃法也很有樂趣。

經典章魚燒也很有名的店家

☎06-6631-0127 中央區難波千日前11-19 ⓛ10:30～21:00（週六日、假日為9:30～） 休無休 地下鐵各線難波站步行5分 MAP附錄16 D-3

大阪有超多銅板美食

大阪這裡的美食，美味度就不用多說，對價格也非常講究。以章魚燒、烏賊燒為代表，有許多用銅板就能吃到的美食。

外皮酥脆，中心冰涼，
新感覺的人氣甜點

アイスドッグ® 500円～

還能添加可可粉或肉桂粉等配料（免費）的冰淇淋熱狗，口味的創意變化相當多元

元祖アイスドッグ®

‖美國村‖がんそアイスドッグ

將使用濃厚鮮乳製作的冰涼霜淇淋，夾入炸麵包之中。這款甜點是為了在冬天也能好好享受冰淇淋而創作出來的，有香草、巧克力、抹茶等口味。已完成商標登錄。

位在美國村三角公園前

☎06-6281-8089 ⌂中央区西心斎橋1-7-11 ⏱11:00～21:00 休不定休 ‼地下鐵各線心齋橋站步行5分 MAP附錄12 D-5

企鵝標記好可愛，
令人懷念的樸質風味

冰棒 170円～

牛奶、草莓、橘子等總共11種口味，可吃到微甜的溫和風味

北極

‖難波‖ほっきょく

這裡的冰棒自1945年創業以來，一直守著不變的樸質風味。復古的包裝和吉祥物企鵝等，有著令人懷念的氛圍。

店門櫃台旁擺著色彩繽紛的冰棒

☎06-6641-3731 ⌂中央区難波3-8-22 ⏱10:00～20:00 休不定休 ‼地下鐵各線難波站步行3分 MAP附錄17 C-3

現烤的起司塔
排隊人潮絡繹不絕

經典原味起司塔 980円

酥酥脆脆又散發香氣的塔皮，配上使用奶油起司烘烤得鬆軟滑嫩的口感，是美味的關鍵

焼きたてチーズタルト専門店 PABLO 心斎橋店

‖心齋橋‖やきたてチーズタルトせんもんてんパブロしんさいばしてん

講求提供起司塔吃起來最美味的那瞬間 ──「現烤出爐」，因此全部的起司塔都會在店鋪烤製。在一個起司塔中能嘗到爽口又香醇的味道，是其受歡迎的理由所在。

在心齋橋商店街的排隊人潮

☎06-6211-8260 ⌂中央区心斎橋筋2-8-1 心斎橋ゼロワンビル1F ⏱11:00～20:00（週六日、假日為10:00～21:00）休不定休 ‼地下鐵各線心齋橋站步行3分 MAP附錄14 A-5

位在梅田的阪神百貨，其地下1樓集結了在大阪數一數二好吃的外帶美食店家。

跟正宗發源地一樣熱情洋溢 前往一大韓國街 ── 鶴橋

日本規模最大的韓國街 ── 鶴橋。
宛如迷宮的鶴橋商店街，以及社區型的御幸通商店街，
遊逛這2個風格迥異的商店街，會有種好像到了韓國旅遊的感覺。

在當地也大受好評，
使用安心食材製作的泡菜

豊田商店

とよだしょうてん

帶出食材鮮美滋味而廣受好評的人氣店家。蔬菜就不用多提，就連醬油蟹和明太魚腸醬這類的海鮮都有，店裡擺滿了各式各樣的泡菜。

販售泡菜 ☎06-6717-3113
⌂東成区東小橋3-17-20
🕒8:30～17:30 休 週三 ‼各線鶴橋站即到 MAP 63

白菜泡菜（500g）
600円～

明太魚腸醬（310g）
1200円～

能以路邊攤氣氛享用，
韓國媽媽製作的道地美味

土井商店

どいしょうてん

在販售韓國食材的店門前，能品嘗到辣炒年糕、內臟燒烤等韓國路邊攤的風味。最適合肚子有點餓的時候稍微吃一下。

韓國料理 ☎06-6973-0036
⌂東成区東小橋3-15-11
🕒8:00～19:00 休 無休 ‼各線鶴橋站即到 MAP 63

內臟鐵板燒
（1人份）500円
高麗菜與洋蔥的香甜滋味非常讚（照片為2人份）

韭菜韓式煎餅
350円
店家會趁熱幫忙切成一口大小

海苔飯捲
（1條）300円
韓國風海苔飯捲
（照片為2條份）

辣炒年糕
（1人份）500円
加了魚板和水煮蛋
（照片為4人份）

鶴橋商店街

つるはし

三明治裡夾泡菜的
意外組合大受歡迎

珈琲館ロックヴィラ

こーひーかんロックヴィラ

在當地受到喜愛約40年的喫茶店。泡菜微嗆的辣度和酸味跟美乃滋非常搭，請來試試這款新感覺的三明治。

喫茶店 ☎06-6975-0315 ⌂東成区東小橋3-17-23 🕒8:00～17:30 休 週三、第3週二 ‼各線鶴橋站步行3分 MAP 63

泡菜三明治700円
泡菜、里肌火腿、蛋、小黃瓜，一起夾在裡頭

在這裡還能穿上色彩鮮豔
的韓服拍攝紀念照

安田商店

やすだしょうてん

販售韓國雜貨、寢具、地毯等商品。其中最受歡迎的便是能穿韓服拍攝紀念照。攝影棚裡備有許多色彩繽紛的韓服，還有附化妝的方案。

商品販售 ☎06-6971-1262
⌂東成区東小橋3-15-9 🕒10:00～17:30 休 週三 ‼各線鶴橋站即到 MAP 63

攝影棚拍照2L尺寸／2個姿勢9900円。所需時間為30分～1小時（需預約）

各款吊飾
各200円～
韓國傳統鞋子的吊飾、綁著繩結裝飾的辣椒吊飾，可以買來當伴手禮

色彩繽紛的韓國傳統拼布

還有可愛的韓國雜貨

話題美妝加甜點，
用韓國POWER變漂亮

流れる千年

ながれるせんねん

1樓販售韓國傳統茶、點心、美妝等各種韓國雜貨。2樓則是能享受韓國甜點與韓茶，氛圍沉靜的咖啡廳。

咖啡廳 ☎06-6716-7111
生野区桃谷4-4-10 11:00～17:00
休 週二 各線鶴橋站步行15分
MAP 63

把水果、紅豆、麻糬等放在刨冰上的韓式紅豆刨冰1000円，以及薔薇花茶530円

將芝麻、堅果、米香用水飴凝固後切塊的點心。綜合口味1620円

御幸通商店街

みゆきどおり

韓國食材專賣店，
能在舒適寬敞的空間裡用餐

班家食工房

ばんがしょくこうぼう

匯集年糕、冷麵、各種調味料等商品，能在輕鬆在家重現韓國風味。在氛圍沉靜的自助餐廳內，能品嘗到泡菜鍋、冷麵、韓式拌飯等餐點。

商品販售 ☎06-6718-1100
生野区桃谷4-5-15 10:00～17:00
休 不定休 各線鶴橋站步行10分 MAP 63

濟州島柚子茶1kg1620円（左）
德山純正芝麻油150g626円（右）
（左）使用在濟州島自家公司農園採收的柚子，製作出果肉滿滿風味濃郁的特製柚子茶（右）從烘焙芝麻榨出的芝麻油，特徵是擁有濃醇的芝麻香氣。滴上幾滴，就能讓整道菜的風味變得不同

韓國海苔飯捲專賣店，
經典與燒肉很有人氣

麦の家

むぎのいえ

會大排長龍的海苔飯捲專賣店，店門口還有販售韓式煎餅。海苔飯捲如果賣完了，只要預約，店家就會為顧客製作，因此建議大家可以先預約，去附近散散步再回來。

商品販售 ☎06-6716-8508 生野区桃谷3-8-16
9:00～17:00 休 不定休
各線鶴橋站步行10分 MAP 63

除了有韓式拌飯海苔飯捲1條530円之外，還有燒肉海苔飯捲1條400円、炸彈海苔飯捲1條520円等，通常會備有15種以上的口味

最近也有很多販售韓星商品的店家，來去尋找罕見的好東西吧。

在燒肉名店齊聚的鶴橋，被香氣四溢的味道吸引

在鶴橋站下車的話，就會聞到從某處飄出的香噴噴的烤肉味……。燒肉激戰區「鶴橋」的老闆挑選出的肉品，味道確實不錯。尤其是在大阪不可或缺的內臟料理，請大家一定要品嘗看看。

1也很推薦它的優惠套餐（鶴一 本店）2能享受到各種肉品不同的口感 3內臟的種類通常會有20種以上（23都是焼肉 空 鶴橋本店）4能一次享受到各種風味的全餐料理和營養滿分的蔘雞湯（2530円）也很受歡迎（大吉）5厚度、生吃也都無可挑剔的優質和牛（アジヨシ 総本店）6使用能生吃、鮮度絕佳的優質肉品（炭火焼肉 大倉）

ホルモン（內臟）的日文由來是…

來自大阪腔的「ほうるもん」意指要丟掉的東西。有花費工夫製作，讓初次嘗試的人也能毫無抗拒的吃下肚的菜色，以及牢牢抓住死忠粉絲的菜單。

鶴橋最古早的
元祖沾醬店

鶴一 本店

つるいちほんてん

以孕育出源自鶴橋的沾醬而聞名的燒肉店。自1951年創業以來，持續以低價提供顧客優質肉品。以醬油為基底的微甜沾醬堪稱絕品，搭上美味食材令人不禁大快朵頤。

☎06-6776-2629 ⌂天王寺区下味原町3-3 ⓛ16:00～22:00（週六日、假日為11:30～）㊡週一（逢假日則翌日休） ‼各線鶴橋站即到 MAP 65

只要是大阪人就都知道的有名店家

能用小份量享受
各種燒肉食材令人開心

焼肉ホルモン 空 鶴橋本店

やきにくホルモンそらつるはしほんてん

1人份的量是一般的一半，價格也因此較為便宜，能享受各式各樣的食材。尤其是將牛腱做得像刺身的涼拌燉牛腱850円相當有名，沾上店家自製的沾醬便會美味倍增。

☎06-6773-1300 ⌂天王寺区下味原町1-10 ⓛ11:00～22:00 ㊡週二（逢假日則翌日休） ‼各線鶴橋站即到 MAP 65

1樓的吧檯座總是相當熱鬧

藝人們也讚不絕口的
店家自製沾醬

大吉

だいきち

在這家從鶴橋站步行即到的韓國料理店，能吃到價格實惠又新鮮的肉品。店家自製的沾醬風味清爽，是承襲自創業時的口味，能增添肉品的鮮美滋味，令人胃口大開。

☎06-6773-4123（預約為06-6717-7777）⌂天王寺区下味原町5-18 ⓛ11:30～22:30 ㊡週四 ‼各線鶴橋站即到 MAP 65

獲得各年齡層好評支持的店家

親子3代傳承下來的
祕傳醬汁

アジヨシ 総本店

アジヨシそうほんてん

創業已50多年。在這家店能以實惠價格品嘗到老闆細心挑選的優質和牛，推薦大家點份和牛特選里肌。在豐富的副餐選項中，手工製作的冷麵格外美味，特別受到好評。

☎06-6772-7760 ⌂天王寺区下味原町2-2 ⓛ11:00～23:30（週日、假日為～23:00）㊡無休 ‼各線鶴橋站即到 MAP 65

除了鶴橋的2家店，在千日前和東梅田的東通也有分店

美麗的霜降就像是藝術品，
國產牛的滋味令人讚不絕口

炭火焼肉 大倉

すみびやきにくおおくら

從路邊攤時代就只提供國產和牛的店家。提供口感彈牙鹽味牛舌2200円，以及油花分布漂亮的里肌肉1980円等，能品嘗到讓燒肉行家都讚嘆的頂級肉品。

☎06-6771-1178 ⌂天王寺区東上町1-63 ⓛ16:00～售完打烊（週六、日為15:00～）㊡不定休 ‼各線鶴橋站即到 MAP 65

位在交通位置絕佳的地點，也經常造成排隊人潮

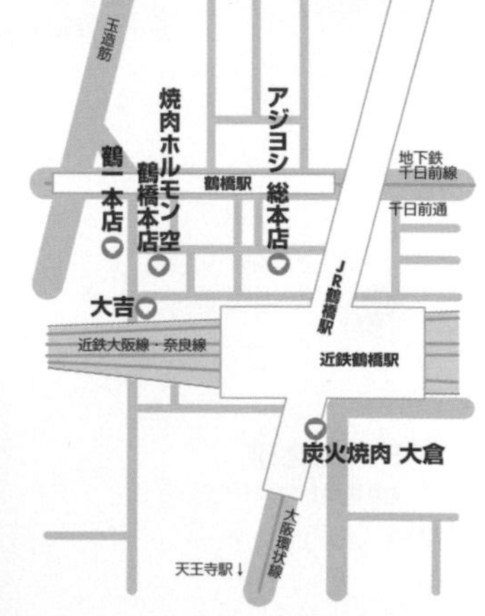

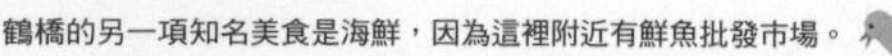

鶴橋的另一項知名美食是海鮮，因為這裡附近有鮮魚批發市場。

用圖表分類

大阪知名
美味綜合果汁

綜合果汁可以直接品嘗到
各種水果的滋味，
還能補足日常不足的維他命，
也是旅行中不可錯過的飲品。
在此透過圖表比較分類
夢幻般的果汁風味。

奶香 / 果香 / 濃郁 / 清爽

使用牛奶與各種季節水果製作，讓人喝得心滿意足。

E 綜合果汁 740円
3 奶香度
清爽度 3

D 綜合果汁 180円

加了蜜柑、水蜜桃、香蕉等等，富含水果香氣，味道又清爽，連入喉尾韻也很清新

1 奶香度
清爽度 3

B
3 果香度
濃郁度 4
綜合果汁 460円

產地特選的香蕉、鳳梨，熱帶水果相當新鮮。

內有蘋果、香蕉、橘子等，能享受到新鮮水果的香甜風味。不添加牛奶，果香十分濃郁。

A 綜合果汁 693円
5 果香度
濃郁度 3

C 綜合果汁 750円

以店家私藏比例將蘋果、香蕉、水蜜桃、蜜柑綜合調配出來的果汁，特徵是風味清爽，尾韻清新。也可外帶。

5 果香度
清爽度 3

A フルーツパーラー KIMURA
‖梅田‖フルーツパーラーキムラ

☎06-6372-8033 ⌂北区芝田1-1-3 阪急三番街南館B2 ⌚11:00～20:30 休準同阪急三番街 ‼直通阪急各線大阪梅田站直通 MAP附錄9 C-2

B MIKI FRUITS CAFE
‖北堀江‖ミキフルーツカフェ

☎06-6532-5490 ⌂西区北堀江2-2-12 ⌚11:00～17:30※有季節性變動 休週三（有夏季公休） ‼地下鐵長堀鶴見綠地線西大橋站即到 MAP附錄12 C-4

C 千成屋珈琲
‖新世界‖せんなりやこーひー

P.79

D UmedamixJuice
‖梅田‖うめだミックスジュース

☎06-6342-7890 ⌂北区梅田3-1-1 阪神梅田駅B2 ⌚7:00～22:00 休無休 ‼直通阪神本線大阪梅田站 MAP附錄9 B-3

E 純喫茶アメリカン
‖道頓堀‖じゅんきっさアメリカン

P.59

享受經典的南區

道頓堀有著誇張霓虹燈又巨大的招牌看板。
來新世界和商店街深度認識大阪吧。
在遊逛過新地標阿倍野HARUKAS，
以及都市綠洲 — 天王寺動物園之後，
也順道去一下優質雜貨店和咖啡廳。
晚上就吃大阪獨有的美食，
熱熱鬧鬧地享受一番！

邊欣賞大阪特色招牌看板，同時品嘗道頓堀美食

說到道頓堀，當然就是對大阪印象中的誇張招牌看板。
邊拍攝紀念照，邊漫步閒逛，在這條活力十足的熱鬧街道上，
齊聚了章魚燒、具大阪浮誇風格的伴手禮店。

第6代的格力高招牌，能觀賞到用了3976個LED晶片的漂亮影像，也很推薦在夜晚點燈時來觀看

名物
嚇一跳章魚燒
8個 1980円

好像會動的巨大章魚招牌看板
眺望著道頓堀川

加了大塊章魚的章魚燒入口即化

たこ家道頓堀 くくる 本店

たこやどうとんぼりくくるほんてん

鬆軟柔嫩的麵糊、彈性富有嚼勁的章魚、風味濃厚的特製醬汁，搭配起來風味絕佳的人氣店家。除了章魚燒之外，還有章魚涮涮鍋等豐富的章魚料理。

☎06-6212-7381 中央区道頓堀1-10-5 白亜ビル1F 12:00～22:30（週六為10:00～，週日、假日為10:00～21:30）休 無休 !! 地下鐵各線難波站步行3分
MAP 附錄18 B-3

濃郁又溫和醇厚的味道

まったりプリン 道頓堀店

まったりプリンどうとんぼりてん

MATTARI PURIN
1個 350円

MATTARI PURIN的直營店。正如其名，布丁入口溫和醇厚、風味濃郁，但後味卻又在口中轉瞬即逝，美味無比，請一定要前來吃吃看。

☎0743-65-5505(總公司洽詢處) 中央区道頓堀1-9-17 11:00～22:40 休 無休 !! 地下鐵各線難波站即到
MAP 附錄18 B-3

說到大阪的道頓堀，就會想到會動的巨大螃蟹招牌看板

道頓堀名物 —— 會動的螃蟹招牌看板是標記

かに道楽 道頓堀本店

かにどうらくどうとんぼりほんてん

正宗的螃蟹專賣店，能夠吃到招牌菜「螃蟹鍋」的全餐7700円起。在店門前也有販售螃蟹包子。

☎06-6211-8975
中央区道頓堀1-6-18 11:00～22:00 休 無休 !! 地下鐵各線難波站步行5分
MAP 附錄18 B-3

螃蟹包子1個500円（僅在店前販售）

大阪回憶燒
1782円
分量是一般的1.5倍，分食也OK

眺望道頓堀川的大阪燒店

道頓堀 一明

どうとんぼりいちあき

能望著道頓堀川享受餐點，很受觀光客歡迎的店家。人氣菜單是可愛的心形「大阪回憶燒」，裡頭有豬肉、鮮蝦、花枝、干貝等滿滿食材，分量十足。

☎06-6212-0281 中央区道頓堀1-6-12 ニコービルB1F 11:30～21:00 休 不定休 !! 地下鐵各線難波站步行3分 MAP 附錄18 B-2

可輕鬆搭乘的Tombori River Cruise

乘船處就在唐吉軻德摩天輪旁，推薦大家可搭從這裡起迄的水上觀光船。成人1000円，所需時間約20分。
☎06-6441-0532（一本松海運）

食倒太郎布丁
三角罐1450円

食倒太郎沙布列餅乾
10片裝1080円

集合有趣的大阪伴手禮

なにわ名物 いちびり庵 道頓堀店

なにわめいぶついちびりあんどうとんぼりてん

這裡匯集的大阪浮誇商品都超棒。店內常備4000件以上的商品，推薦大家來這裡購買搏君一笑的獨特伴手禮。

☎06-6212-5104 ⌂中央区道頓堀1-7-21 中座くいだおれビル1F ⏲10:00～21:00 休無休 ‼地下鐵各線難波站步行5分 MAP附錄18 B-2

只有在這裡才買得到的商品

ぐりこ・や 道頓堀店

ぐりこやどうとんぼりてん

格力高的特產直銷商店，陳列眾多格力高原創商品和關西限定口味的點心。

☎06-6484-0240 ⌂中央区道頓堀1-7-21 中座くいだおれビル1F ⏲10:00～20:00 休無休 ‼地下鐵各線難波站步行5分 MAP附錄18 B-2

PREMIUM STRAWBERRY
650円

超適合拍照上傳的水果糖葫蘆

TARO's PARLOR

タローズパーラー

位在食倒太郎旁的店家。使用各種不同色彩的水果，全長大約28cm的水果糖葫蘆蔚為話題。

☎06-7652-9164 ⌂中央区道頓堀1-7-21 中座くいだおれビル1F ⏲11:00～19:00 休 無休 ‼地下鐵各線難波站步行5分 MAP附錄18 B-2

Glico Wagon綜合組1080円。重現Glico Wagon的盒子裡裝有Pocky＆PRETZ餅乾

店門口擺著仿照道頓堀川旁的格力高招牌，為本店標記

豚骨湯底的醬油口味

金龍ラーメン 道頓堀店

きんりゅうラーメンどうとんぼりてん

只有社長才知道製作方法的特製湯頭，是在豚骨湯底中加上醬油調味而成。加入店家自製的泡菜、韭菜、大蒜，隨自己喜好調味後享用。

☎06-6211-6202 ⌂中央区道頓堀1-7-26 ⏲24小時 休無休 ‼地下鐵各線難波站步行5分 MAP附錄18 B-2

活潑生動的綠龍，口中含著黃金珠子

金龍拉麵800円
風味爽口，也很適合當作收尾餐點

從熱鬧的道頓堀轉進小路，就會接到鋪著石板的小巷 —「法善寺橫丁」，巷內老店林立，能品嘗到大阪的古早味美食。

在隱密店家密集、備受矚目的區域 —— 裏難波的人氣店家享用晚餐

在大阪南區，特別是難波後方日本橋所在的街區，被稱為「裏難波」。
這裡擠滿了充滿隱密店家氛圍的店，以高CP值的料理吸引人潮。
這裡的人氣店家，擁有大阪當地人也會頻繁造訪的口味與氛圍。

滿滿鮮蝦，口感鬆軟。薩摩甜不辣拼盤，單1個580円

品嘗當天最新鮮的當季漁獲，新鮮海產綜合生魚片1人份980円～

使用嚴選黑毛和牛。烤牛肉2480円

以主廚的堅持講究與精湛手藝製作料理配上美酒款待來客

DININGあじと ダイニングあじと

在這裡能享用日、西、義式的豐富創作料理。除了有市場直送的鮮魚之外，還有使用無農藥肥料與平飼方式飼養的鴨、稀少部位的和牛肉等，採購自日本全國各地的講究食材，由主廚花工夫製作成料理。

☎06-6633-0588 ⌂中央区難波千日前4-20 ⏰17:00～22:30（料理為～22:00）※有不定期變動 休不定休 ‼地下鐵各線難波站步行5分 MAP附錄16 D-3

menu

店家自製花生豆腐 580円
店家自製煙燻鯖魚 580円
特製軟骨雞肉丸 680円
滿滿滑順醬汁的古岡左拉起司烤法國麵包 780円

店內裝潢可愛，女性一人也能輕鬆入內用餐

晚餐時段還有青木瓜沙拉、泰式咖哩等餐點

海南雞飯R680円、L840円。茉莉香米上鋪了雞肉的樸實料理

咖啡廳氛圍讓人能輕鬆地品嘗泰式料理

大阪カオマンガイカフェ おおさかカオマンガイカフェ

因為老闆想推廣自己曾在泰國路邊攤吃過，真正美味的海南雞飯而開了這家店。在復古又帶有普普風格的店裡，除了能吃到使用道地料理方式製作出的海南雞飯之外，晚上還能享受泰式料理。

☎06-6636-5177
⌂浪速区難波中2-4-14
⏰11:30～15:00、17:00～22:00
休無休
‼地下鐵各線難波站步行2分
MAP附錄16 D-4

menu

炸海南雞飯R770円
海南雞飯雙拼R770円
泰式炒河粉902円
泰式乾拌麵869円

裏難波地標 ── 味園大樓

擁有地下文化氛圍的味園大樓，是電影《極道好聲音》的拍攝地點。大樓內進駐了氛圍隱密的酒吧、宴會廳等。
※部分店鋪暫停營業中。詳情請於官網確認

能輕鬆品嘗龍蝦多種風味的龍蝦專賣店

活海老バル orb ウラなんば いけえびバルオーブウラなんば

地點位在距離難波站步行5分的人氣活蝦專賣店，以經濟實惠的價格提供大家印象中的高級食材。此外，員工還是會親赴漁港採購除了龍蝦之外、來自世界各國的蝦子，向顧客傳達其美味。店面翻修古民宅而成，有著家庭的氛圍。

☎06-6641-8144 ⌂中央区難波千日前2-17
🕔17:00～23:00 休 無休 ‼地下鐵各線難波站步行5分 MAP 附錄16 D-3

menu
箱烤活龍蝦orb 100g 660円
海膽醬油炒蕈菇鮮蝦 660円
天使蝦1隻 350円

燒烤能讓人確實品嘗到蝦子的美味

亞洲風格氛圍的店裡，有桌型座位和吧檯座

燒烤或創意變化，在這裡能品嘗到用不同料理手法所烹飪的蝦子

在隱密的居酒屋品嘗炭烤地雞和新鮮海產的招牌料理

炭焼笑店 陽 難波店 すみやきしょうてんようなんばてん

店家的招牌菜單是烤雞肉和海鮮料理，烤雞肉使用紀州備長炭將大和地雞燒烤得恰到好處，而海鮮料理則是使用透過特別通路購得的海產製作。除此之外，還將當地農園抱持講究培育出的當季蔬菜，製作成各式創作料理。

☎06-6647-8988 ⌂中央区難波千日前14-25 阪南ビル1F
🕔17:00～翌2:00（供餐為～翌1:30）休 週三 ‼地下鐵各線難波站步行5分
MAP 附錄16 D-3

menu
陽全餐 共7道 2728
長崎 黑鮪魚生魚片 1518円
兵庫 奶油蒸整顆洋蔥748円
青蔥雞肉串 374円
雞頸肉 286円

將各種地雞最美味的部位做成烤雞串1串242円～

店內溫馨的裝潢是由員工親手打造出來的

由於直送而超級新鮮。務必嘗嘗這新鮮的海味生魚片

這裡也有很多店是站著喝的型態，各種類型的店家都去看看吧。

慢慢走在空堀的懷舊街道，逛遍這裡的雜貨店和咖啡廳

東西向延伸的空堀商店街有800m長，
南北兩側還留有古早的長屋。在充滿日常感的小巷中，
像是探險般地隨意漫步，就能遇見很棒的雜貨店和咖啡廳。

還有玻璃創作家安土草多的吊燈（右上）和玻璃杯（左下），商品種類豐富

陳列出自藝術家之手的各種器皿

「tamaki niime」披肩編織得像是包住空氣一般鬆軟

將創作者與使用者連結在一起的選貨店

趣佳 しゅか

以陶藝創作家的器皿為主，精選藝術創作家的生活雜貨、播州織品創作家「tamaki niime」的作品等，陳列實用與設計兼具的手作雜貨。並且定期舉辦介紹藝術家作品的企劃展。

☎06-7503-2508 ⌂中央区谷町6-15-22 ⏲12:00～17:00 休 週三、四、五不定休 ‼地下鐵各線谷町六丁目站步行7分 MAP 附錄6 D-1

在古民宅尋找可愛的物品

雑貨と喫茶とギャラリーと ひなた

ざっかときっさとギャラリーとひなた

在翻新明治時代長屋的店裡，以手作雜貨為中心，擺滿了餐具、紙類雜貨、首飾等可愛的物品。這裡還有舉辦藝術創作家個展、企劃展與活動的藝廊空間，以及小小的咖啡廳。

☎06-6763-3905 ⌂中央区谷町6-6-10 ⏲12:00～19:00（週日、假日為～18:00，有季節性變動）休 週三、四，不定休 ‼地下鐵各線谷町六丁目站即到 MAP 附錄6 E-1

在這裡販售作品的藝術創作家經常有30位以上

motorinue&Lokhme縫紉機刺繡布小物，上面有動物、食物圖案

燒喜菓子 kokeka的米粉餅乾324円。定期會有點心創作家的點心

新舊並存的街區

空堀一帶是以長屋為中心，作為市井小民生活的住宅區型態打造出的街區。逃過大阪空襲的長屋，密集地將空堀商店街從南北兩側包夾起來。

老闆手作的本日蛋糕550円，每日口味不同

翻修長屋而成，有如隱居人家的咖啡廳

CRYDDERI CAFÈ

クーデリーカフェ

這家咖啡廳位在改造100年屋齡的長屋而成的複合設施「karahori惣」裡，在此也會販售雜貨與舉辦手作教室。隨星期變化的午餐也很受歡迎。

☎06-6762-5664
⌂中央区瓦屋町1-6-2 karahori惣內 ⏲11:00～18:00 休 週三
‼地下鐵長堀鶴見綠地線松屋町站步行5分
MAP 附錄6 D-1

裝飾在店內的雜貨也有展示的功能

穩固的梁柱為店內增添風采

店家自製的水果醋，可選擇兌水或蘇打水

還有匯集可愛鈕扣的區域

盡情品嘗當季水果

FRUIT GARDEN 山口果物店

フルーツガーデンやまぐちくだものてん

傳承3代的老字號水果店。能在店內的咖啡廳水果三明治、法式吐司等餐點。用攪拌機將水果打成汁，淋在刨冰上，這是只有專賣店才能做出來的美味。

☎06-6191-6450 ⌂中央区上本町町西2-1-9宏　ビル1F ⏲10:00～18:30 休 不定休 ‼地下鐵各線谷町六丁目站步行7分 MAP 附錄6 E-1

夾入低甜度鮮奶油的綜合水果三明治740円（外帶為720円）

清爽的酪梨刨冰800円。品項會視季節隨時變動

店前還有販售切片水果盒

有2種水果醬可選，水果滿滿的法式吐司1700円

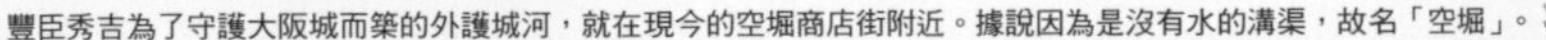

豐臣秀吉為了守護大阪城而築的外護城河，就在現今的空堀商店街附近。據說因為是沒有水的溝渠，故名「空堀」。

時尚人群聚集的堀江 擁有出色的咖啡廳＆雜貨店

**話題商店齊聚的文化發信地 ── 引領話題的堀江。
近年堀江開了許多雜貨店、咖啡廳與家飾店等
領先時代的時尚店家，廣受流行觸角敏銳的女性喜愛。**

1設計公司經營的咖啡廳，這裡的空間甚至家具也幾乎都是公司原創的 2在眾多店家自製的甜點中，季節融化切片蛋糕1880円（附飲品）特別有人氣。特徵是使用了北海道產的馬斯卡邦起司與馬達加斯加香草所製作的融化鮮奶油 3能欣賞戶外景緻的露臺座位

面向南堀江公園的
開放式露臺座位舒適宜人

TABLES Coffee Bakery & Diner

タブレスコーヒーベーカリーアンドダイナー

這家咖啡廳擁有露臺座位，寬敞開放的地點頗具魅力。這家店有自製甜點、原創飲品菜單，再加上咖哩、盤餐等，全天候都有供應餐點，種類也很豐富。

☎06-6578-1022 ⌂西区南堀江2-9-10 ⏲11:00～19:00（週五六、假日前日為～20:00）休無休 ‼地下鐵長堀鶴見綠地線西大橋站步行8分 MAP附錄12 B-6

在百貨展售會等處廣受好評的堀江奶油夾心餅乾。草莓開心果3個1400円，共有4種口味

不斷宣傳法國雜貨魅力的堀江隱密店家

shamua シャムア

1996年創業的法國雜貨與手作甜點店家。店內擺滿了在法國採購的購物袋、骨董餐具、布製小物等商品。同時設有咖啡廳，會用法國的餐具供應餐點。

☎06-6538-9860 ⌂西区北堀江1-6-4 欧州館3F ⏲12:00～19:00 休週日，亦有不定休 ‼地下鐵四橋線四橋站即到 MAP附錄12 D-4

1季節塔點550円、碗裝咖啡歐蕾540円 2咖啡歐蕾碗6600円～、蕾絲墊2160円～

3手帕、蕾絲墊等充滿法式風情的布小物，種類也相當多 4亦有各式各樣的餐具和購物袋。此外，這裡還有文具、首飾、二手衣物、書籍

堀江的ORANGE STREET

一般將堀江的立花通通稱為「ORANGE STREET」。此區域是咖啡廳、雜貨店、選貨店等特別密集的主要街道。

色彩繽紛的蘇打很受歡迎

喫茶と菓子 タビノネ

きっさとかしタビノネ

將創業超過40年的純喫茶店重新翻修而成。這裡擁有與復古空間相應的喫茶店菜單，最受歡迎的是色彩繽紛的冰淇淋蘇打，除了有4種固定的口味之外，還有季節限定的口味。

☎080-9170-8782 ⌂西区北堀江1-13-20 🕒10:00～18:00 休週四 👣地下鐵長堀鶴見綠地線西大橋站步行5分 MAP附錄12 C-5

左起為蘇打汽水620円、櫻桃蘇打650円、店家自製檸檬水蘇打650円，加100円附冰淇淋

京都人氣特選咖啡專賣店「珈琲焙煎所 旅の音」的大阪1號店

色彩繽紛又可愛的塔點專賣店

○△□ 北堀江本店 マルサンカクシカクきたほりえほんてん

店家自豪的手作塔類甜點，有10種常態性口味，都不會過甜，味道與口感的種類也各有千秋。可單個購買，各種口味皆為594円，買8塊能請店家包裝得像圓形蛋糕一樣。

☎06-6537-7338 ⌂西区北堀江1-17-1 🕒11:00～19:00 休不定休 👣地下鐵四橋線四橋站即到 MAP附錄12 C-4

1 8塊塔點圓形拼盤4752円。4塊塔點半圓拼盤2376円
2 店內是以灰色為基調的時髦空間，也可內用

「用食物翻玩藝術」為理念

ハラペコラボオーサカ ミュージアムショップ&カフェ

據點位在福岡的Food Creator集團「harapecolab」開設的禮品店&咖啡廳。店內陳列著製作得像寶石的琥珀糖「こうぶつヲカシ」等，餐點種類也相當豐富。

☎06-6543-8007 ⌂西区北堀江1-22-18 山崎ビル2F 🕒11:30～18:30（午餐為～15：00、咖啡廳為～18:00），週日、假日為～17:00（咖啡廳為～16:30） 休無休 👣地下鐵長堀鶴見綠地線西大橋站步行3分 MAP附錄12 C-4

1 こうぶつヲカシ1顆裝540円～
2 店內裝潢優雅美麗
3 受歡迎的奶油雞肉咖哩飯1210円

○△□的店名是來自「1塊塔點是三角形，8塊塔點拼起來就是圓形，而放入塔點的盒子是四角形」。

在流淌著昭和復古風情的新世界悠閒散步

以新世界的象徵地標「通天閣」為目標悠哉漫步。
這裡有可愛的昭和復古風看板，走在傳統的新世界市場，
打彈珠懷舊一下吧！午餐一定要去吃串炸。

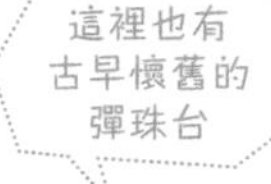

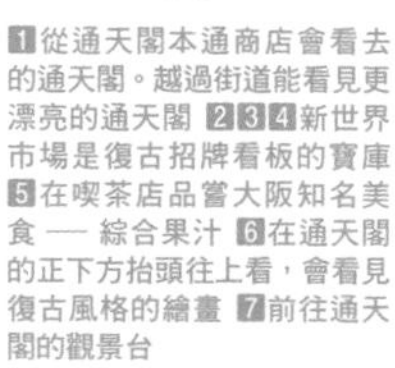

1 從通天閣本通商店會看去的通天閣。越過街道能看見更漂亮的通天閣 2 3 4 新世界市場是復古招牌看板的寶庫 5 在喫茶店品嘗大阪知名美食 — 綜合果汁 6 在通天閣的正下方抬頭往上看，會看見復古風格的繪畫 7 前往通天閣的觀景台

8 通天閣內展示的實景模型。重現過去在1912年開園的Luna Park模樣，能清楚了解當時通天閣與新世界的樣子

據說撫摸神像腳底可以帶來好運呦。

想去朝聖快樂之神
比利肯福神♥

走進JAN JAN橫丁吧

JAN JAN橫丁裡林立著串炸、壽司店之類便宜又美味的店家。在150m左右的拱廊裡還有將棋俱樂部，充滿昭和復古的氛圍。

大阪的艾菲爾鐵塔

通天閣

つうてんかく

說到新世界的象徵地標，就是這座高108m的塔——通天閣，前往能一覽大阪街區的觀景台吧！據說撫摸坐鎮在5樓的幸福之神「比利肯」福神的腳底，願望就會成真。

1能免費取得的紙模型／在2樓電梯附近拿到的樓層簡介，背面就是紙模型
2通天閣酥脆巧克力／這款點心有創意地把通天閣做成能帶回家的尺寸。8入540円

☎06-6641-9555 浪速区恵美須東1-18-6 10:00～20:00 休無休 ¥觀景台成人（高中生以上）900円 地下鐵堺筋線惠美須町站步行3分 MAP附錄19 B-2

1位於4樓的光之展望台一到夜晚就會亮起壯觀的燈光與鏡面球，迅速地變成迪斯可氣氛火熱的觀景台 2 2022年5月登場的全長60m螺旋溜滑梯「TOWER SLIDER」，大約10秒就能從3樓的觀景台滑到地下1樓。成人1000円（～19:30）

大食品企業的特產直銷商店

通天閣WAKUWAKU LAND

つうてんかくわくわくランド

位在通天閣觀景台入口前方，這裡可免費入場。不僅能買到與通天閣聯名合作的商品、關西限定的口味，還有許多紀念照拍攝點。

與關西相關的特產直銷商店

在通天閣的地下樓層發現

巨大版彩虹POCKY
1296円
能享受5種口味的GIANT POCKY。20枝裝

有趣的點心屋
920円
用點心做「點心屋」的手作組合

雞汁麵小雞襪
418円
還有雞汁麵中大家所熟悉的吉祥物圖案襪。尺寸為23～25cm

昭和的復古遊戲

Smart Ball New star

ニュースター

這絕對是超經典的懷舊遊戲。在大阪唯一能玩到古早柏青哥遊戲「Smart Ball」（類似彈珠台）的店就是這裡，在遊戲中收集的彈珠可以兌換贈品。未滿18歲禁止進入。

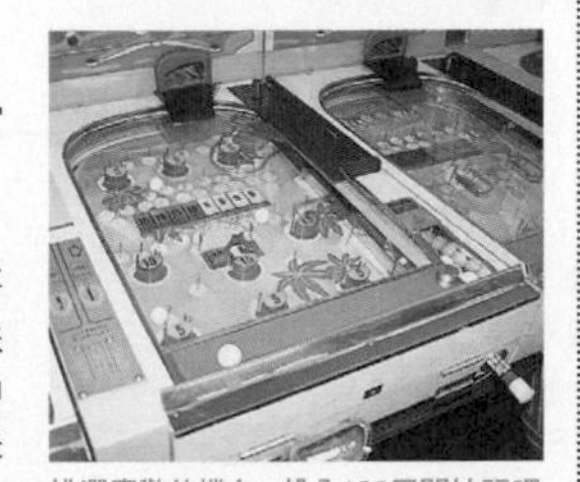

挑選喜歡的機台，投入100円開始玩吧

☎06-6641-1164 浪速区恵美須東3-5-19 11:30～22:00（週六日、假日為10:00～22:00） 休每月不定休6次 地下鐵各線動物園前站步行5分 MAP附錄19 B-3

1929年創業的老店

新世界元祖串かつ だるま 通天閣店

しんせかいがんそくしかつだるまつうてんかくてん

店家為了讓客人即使吃多了也不會對胃造成負擔，特徵是酥脆輕盈的口感與祕傳醬汁。除了常態備有30種以上的串炸外，特製的泡菜與名物土手燒也很受歡迎。

以「禁止二次沾醬」聞名的店

☎06-6643-1373 浪速区恵美須東1-6-8 11:00～22:00 休無休 地下鐵堺筋線惠美須町站步行3分 MAP附錄19 B-2

通天閣WAKUWAKU LAND裡還有森永製菓的大嘴鳥、日清雞汁麵的小雞的特產直銷商店。

在大阪B級美食齊聚的
串炸聖地 — 新世界品嘗下町美食

來到大阪的話，一定要在JAN JAN橫丁品嘗現炸的串炸。
傳統肉店、喫茶店等店內氛圍復古且樸實，
然而卻在此能遇見實在美味的大阪道地風味。

現炸通天閣
可樂餅80円

肉店的招牌「通天閣可樂餅」

肉のさかもと
にくのさかもと

位在新世界市場裡的老字號肉店。店前除了可樂餅之外，還擺著串炸、燻製牛肚等熟食。有內用空間。

也推薦大家買這裡的串炸用醬汁550円當伴手禮

☎06-6641-0508 ⌂浪速区恵美須東1-22-6 ⏲10:30～16:00
休 週四 ‼地下鐵堺筋線惠美須町站即到 MAP 附錄19 A-1

大口享用王道章魚燒

新世界かんかん
しんせかいかんかん

使用導熱絕佳的銅製烤盤所做出的章魚燒，口感鬆軟滑順，火候恰到好處。菜單僅有醬汁章魚燒1種，400円的實惠價格也是它受歡迎的理由之一。

☎06-6636-2915 ⌂浪速区恵美須東3-5-16
⏲9:30～18:00（售完打烊）
休 週一、二 ‼地下鐵各線動物園前站步行5分 MAP 附錄19 B-3

1 簡單樸實的王道章魚燒（8個）400円，特徵是口感鬆軟濃稠
2 連續幾天店前都聚滿人潮

炸蛋
150円

串炸
130円

炸蝦
490円

在JAN橫的吧檯座享用串炸

てんぐ

稍厚的麵衣炸得色澤金黃又酥脆，吃起來不覺油膩，讓人能一串接一串地享用。白味噌與高湯風味鮮明，口感清爽的土手燒（1串130円）也一定要嘗嘗。

認明天狗的面具

☎06-6641-3577 ⌂浪速区恵美須東3-4-12 ⏲10:30～21:00
休 週一、二不定休（逢假日則翌日休）
‼地下鐵各線動物園前站步行3分 MAP 附錄19 B-3

位在JAN JAN橫丁的串炸名店

說到串炸，就是「てんぐ」和「八重勝」。用白味噌燉煮的牛筋「土手燒」也一定要點來吃看看喔。

朝日劇場
Smart Ball New Star
JAN JAN橫丁
てんぐ
八重勝
千成屋珈琲

紅豆餡與長崎蛋糕麵糊組成溫潤的味道

総本家 釣鐘屋本舗

そうほんけつりがねやほんぽ

1900年創業。與四天王寺的大梵鐘有關的釣鐘饅頭，是用靜置一天一夜的麵糊將紅豆餡包裹起來的知名甜點。香蕉造型的點心「名代芭蕉」，也是從昭和時代販售至今的大阪伴手禮。

釣鐘饅頭
1個 162円

釣鐘饅頭從獻納四天王寺的大梵鐘時就開始販售

☎0120-06-0212 ⌂浪速区恵美須東1-7-11 ⏲9:00～18:00 休 無休 ‼地下鐵堺筋線惠美須町站步行5分 MAP 附錄19 B-1

綜合果汁750円

受到大阪男女老少喜愛的味道

千成屋珈琲

せんなりやこーひー

此店據說是綜合果汁的發源店。以不對外公開的比例調製，特徵是入口風味清爽，尾韻舒暢。綜合果汁、霜淇淋也可外帶。

☎06-6645-1303 ⌂浪速区恵美須東3-4-15 ⏲11:30～19:00（週六日、假日為9:00～21:00）休 週四（逢假日則營業）‼地下鐵各線動物園前站步行3分 MAP 附錄19B-3

禁止二度沾醬的串炸名店

八重勝

やえかつ

特徵是麵衣加了山藥，鬆軟與酥脆並存的口感是在其他地方吃不到的味道。食材整體都稍大，很有飽足感。燉煮得鬆軟微甜的土手燒（3串330円）也是本店招牌。

豬肉丸
200円

串炸（3串）
330円

綠蘆筍
200円

位在JAN JAN橫丁的串炸名店

☎06-6643-6332 ⌂浪速区恵美須東3-4-13 ⏲10:30～20:30 休 週四 ‼地下鐵各線動物園前站步行3分 MAP 附錄19 B-3

擁有許多販售內臟料理的店家也是新世界的特徵之一。能吃到內臟鍋、烏龍麵等料理。

從高300m眺望美麗絕景——阿倍野HARUKAS

說到大阪的觀光名勝，一定會出現阿倍野HARUKAS的名字。
從最頂樓裝設著落地玻璃窗的觀景台，悠閒地眺望大阪的街道吧。
依時間和天候，能望見當天獨一無二的模樣。

在60層樓、高300m的
超高複合式大樓欣賞美景

阿倍野HARUKAS

あべのハルカス

阿倍野HARUKAS近鐵本店、阿倍野HARUKAS美術館、大阪萬豪都酒店等皆進駐其中的超高複合式大樓。58～60樓的觀景台「HARUKAS 300」可說是大阪的新名勝。在這裡一邊欣賞從高300m處盡收眼底的景色，一邊享受空中散步吧。

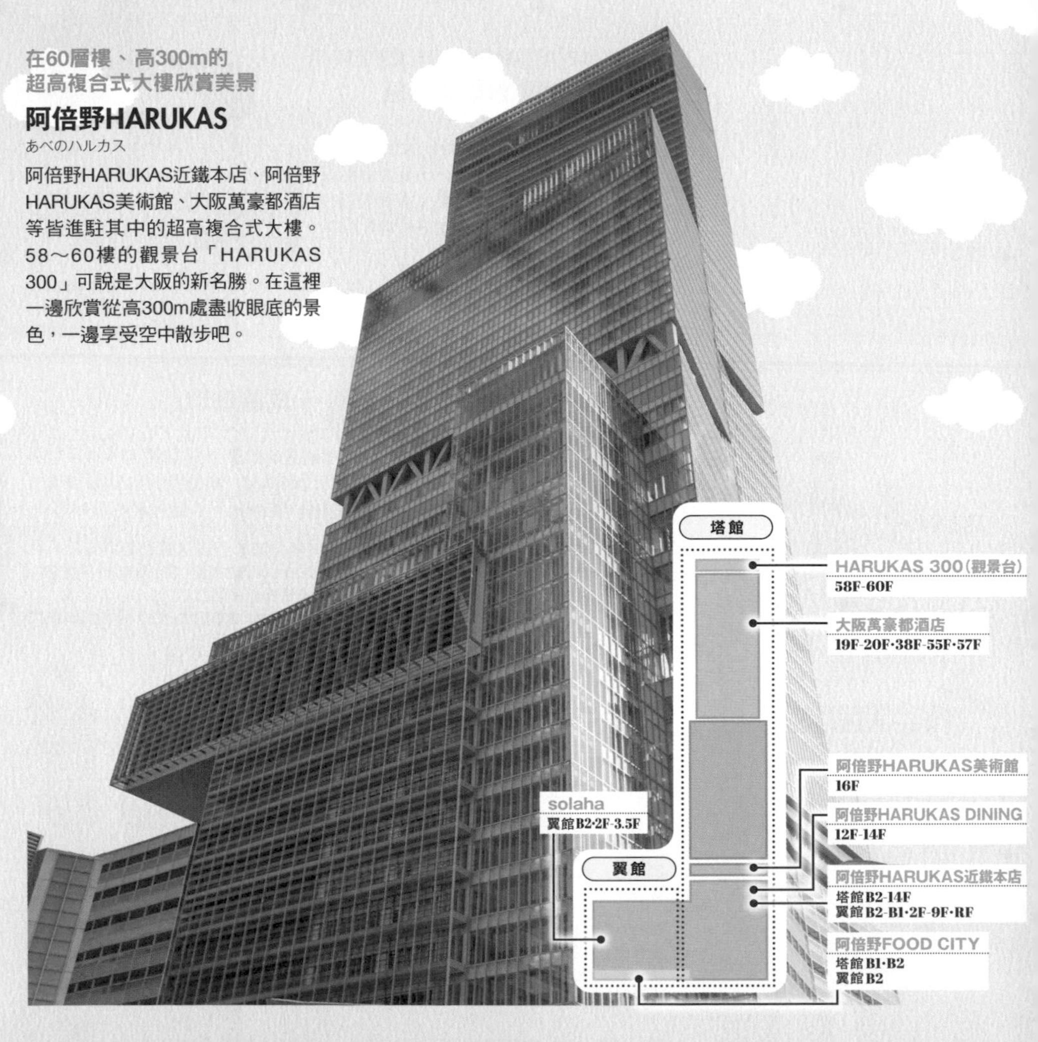

也可以參加直升機停機坪之旅

能上到樓頂停機坪的行程，可實際感受在無遮蔽物的空間中，所望見的360度全景。每人500円（需另付入場費）※受理當日報名，3歲以下不可參加，雨天強風時停辦。

HARUKAS 300吉祥物
— ABENOBEA

HARUKAS 300（觀景台）

觀景台位在58～60樓，為3層樓構造。天候條件好的時候，能一覽京都方向、六甲山脈、明石海峽大橋至淡路島、關西國際機場等地的景色。這裡也會舉辦夜間表演跟活動。

TICKET INFORMATION

票價		
	成人（18歲以上）	1500円
	國高中生（12～17歲）	1200円
	小學生（6～11歲）	700円
	幼兒（4歲以上）	500円

※於阿倍野HARUKAS 16樓的售票櫃台販售

☎06-6621-0300（HARUKAS 300服務台／10:00～17:00） 阿倍野区阿倍野筋1-1-43 58～60F 9:00～22:00（最晚入場21:30）※有可能因活動等情況變動 休 無休 各線天王寺站、近鐵南大阪線大阪阿部野橋站即到 MAP 附錄6 D-4

在日光照射進來的明亮迴廊繞一圈散步吧

60F 天上迴廊

從地板到天花板都用玻璃打造，視野景觀絕佳，能繞著迴廊走一圈，會有種在約300m高空中散步的感覺。迴廊還有一部分是透明的，震撼力十足。

58F SKY GARDEN 300

義大利麵、夏威夷漢堡排飯等。甜點、酒精性飲品，菜單豐富的美食咖啡廳&酒吧。有露臺和室內座位，不管哪種座位都能邊欣賞絕景，邊品嘗美食的頭等座。

SKY BLUE LATTE、SUNSET LATTE 各680円
左是蘇打汽水口味、右是草莓口味

鳳梨糖果霜淇淋 480円
誕生於大阪的鳳梨糖果，是發售以來長銷60年以上的商品。此款鳳梨糖果口味的霜淇淋在HARUKAS 300限定登場

59F SHOP HARUKAS 300

這裡有HARUKAS 300原創商品、HARUKAS 300吉祥物「ABENOBEA」的商品等，還有這裡才買得到的限定商品。

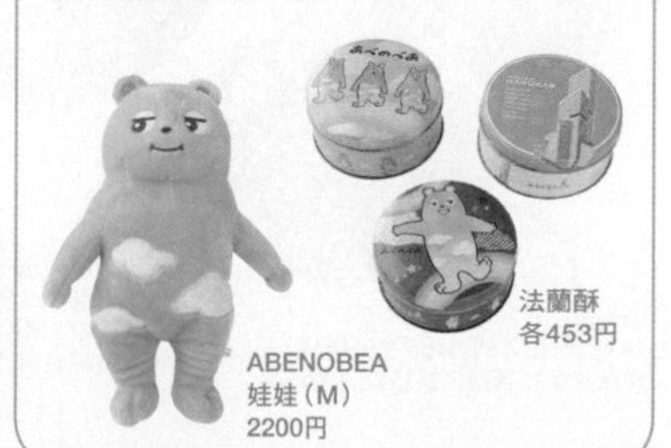

法蘭酥
各453円

ABENOBEA
娃娃（M）
2200円

58F 天空庭園

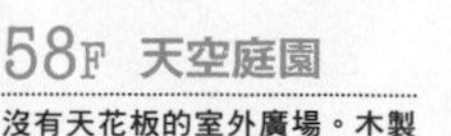

沒有天花板的室外廣場。木製甲板露臺點綴了些許綠意，風兒輕輕吹拂，十分療癒。也推薦大家坐在甲板的階梯，享受展現於眼前的景色。

直升機停機坪上有標示高度300m的告示

寬敞開放的挑高空間

HARUKAS 300的門票可以事先在網站或日本全家便利商店購買。

動物們自在生活的都會綠洲——天王寺動物園

位在都市正中央，約11ha的廣大園區裡
約有180種、多達1000隻的動物，正在等候著各位。
看見動物們自在生活的模樣，心情也變得暖呼呼的。

動物們在此迎接大家

藏狼
動作輕快、姿態迷人的狼群家族很有人氣。點心時間也震撼力十足

獅子
眾所皆知的百獸之王。在非洲草原區能夠看見獅子鬃毛隨風搖曳、威風凜凜的模樣

摩弗倫羊
能把羊的夥伴「摩弗倫羊」當成背景眺望通天閣，是能拍出具大阪風情照片的好地方

長頸鹿
身高竟然超過5m！公的是「幸彌」，母的是「HARUKAS」，兩隻生活在一起

西伯利亞虎
老虎中體型最大的亞種。但似乎意外地也有溫柔的一面

洪保德環企鵝
搖搖晃晃的走路姿勢超可愛。不過牠們在水中的動作非常靈敏，這樣的反差也很引人注目

小貓熊
2011年3月加入的夥伴「TSUBAKI」，一放鬆就會吐舌頭，是牠迷人的特點

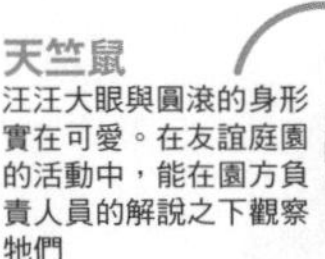

天竺鼠
汪汪大眼與圓滾的身形實在可愛。在友誼庭園的活動中，能在園方負責人員的解說之下觀察牠們

斑鬣狗
斑鬣狗的棲息地在非洲大陸。雖然很多人對牠們有不好的印象，但仔細看的話，就會發現牠們的臉龐其實很可愛

重現動物居住的環境

天王寺動物園採取「生態展示」的模式，盡可能地重現動物在野外生活的自然景觀。

非洲草原區

陸地上有長頸鹿、伊蘭羚羊等草食性動物生活在一起。

夜行性動物館

除了日本僅在此可見到的奇異鳥之外，在這裡還能參觀蝙蝠等夜行性動物的生活姿態。

友誼庭園

山羊、綿羊在同區生活，能近距離觀察牠們。

友誼庭園
亞洲熱帶雨林區
北極熊館
老虎館
紅鶴館
紅毛猩猩館
大門

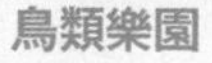

鳥類樂園

打造人工森林、河流、池塘，重現水鳥的生態環境。能近距離觀察鳥類築巢和育兒的模樣。

河馬館

擁有巨大的水中觀察池，能看見河馬在水中生活的模樣，敏捷的動作引人注目

北極熊

2020年11月出生的「HOUchan」最喜歡玩玩具。

給動物通的建議

想要知道更多關於動物的事情，還能參加以下這些免費的活動。

天王寺 Zoo~m in－動物秘話－
每月第3、4週日13:30～

能聽到由飼育員、獸醫、動物專員訴說這些動物的獨家故事。

動物秀導覽
需報名

飼育員會在動物館前說明該動物的相關資訊。詳情需於官網確認。

天王寺動物園

てんのうじどうぶつえん

1915年開園，擁有超過100年歷史的動物園。作為都市綠洲也有很多當地人會來這裡參觀，從通天閣過來也很近。

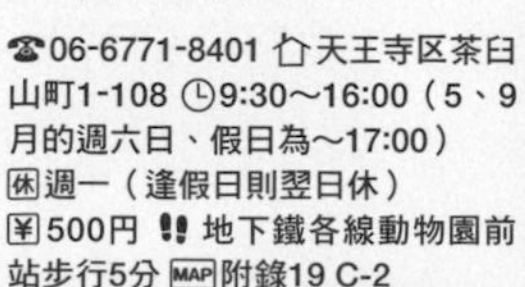

☎06-6771-8401 ⌂天王寺区茶臼山町1-108 ⏲9:30～16:00（5、9月的週六日、假日為～17:00）
休週一（逢假日則翌日休）
¥500円 ‼地下鐵各線動物園前站步行5分 MAP附錄19 C-2

在免費活動中，會從飼育方的角度為大家介紹值得一見的地方，還能聽到有趣的獨家故事（僅以日語對應）。

幽默的比利肯福神
有著溫暖笑容，
坐姿亮出大大的腳底

據說撫摸祂的腳底，
就能「提升整體運勢」。
讓大家能在這裡輕鬆地拍攝紀念照，
是非常大方慷慨的神明。

充滿新意的北區

北濱至今仍留有從明治到昭和初期的復古大樓，
也散布許多藝術景點。
水岸街區 —— 中之島等街區呈現高雅氛圍的「北區」，
商店街、車站大樓、百貨公司地下美食街等，
這裡也是不缺美食的區域。

在中之島到北濱的復古大樓之間，來趟建築遊覽，在此稍憩

從明治到昭和初期，中之島和北濱這裡蓋了不少著名的建築。
要不要試試一邊散步，一邊造訪大阪市中央公會堂等氛圍復古的大樓呢。
這裡還會為大家介紹位在復古大樓裡，空間氛圍出色的咖啡廳。

2芝川大樓建於1927年。古代瑪雅、印加文明風格的設計大放異彩
3新井大樓是擁有雄厚感的舊銀行大樓。具有「五感」的中央挑高天井有親眼一看的價值
4青山大樓於1921年竣工。館內仍留有大正時代的義大利製彩繪玻璃、壁爐架等

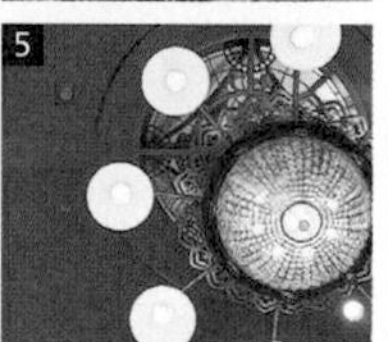

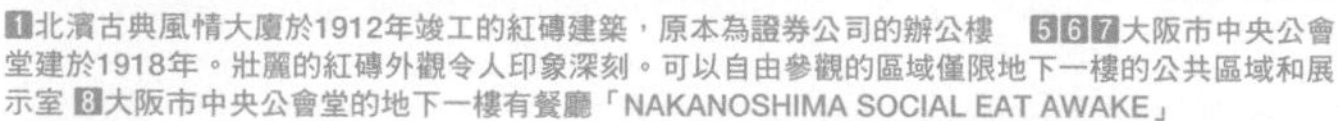

1北濱古典風情大廈於1912年竣工的紅磚建築，原本為證券公司的辦公樓　567大阪市中央公會堂建於1918年。壯麗的紅磚外觀令人印象深刻。可以自由參觀的區域僅限地下一樓的公共區域和展示室 8大阪市中央公會堂的地下一樓有餐廳「NAKANOSHIMA SOCIAL EAT AWAKE」

大阪現在仍保留著美麗的近代建築

從大正到昭和初期的大阪，在各方面的產業都很繁盛，充滿了活力，這時期被稱作是大大阪時代。此時期建造了許多出色的近代建築。

1 2樓的茶沙龍空間。從北側的窗戶能一覽土佐堀川與中之島的玫瑰園 2 能選擇蛋糕、司康、飲品的下午茶套餐2900円

在道地的英國風茶館，享用下午茶

KITAHAMA RETRO ‖北濱‖ きたはまレトロ

店內擺設著英國古董家具，氣氛優雅，在這裡能品嘗到正宗風格的傳統下午茶。窗外是一片遼闊的中之島公園風景，能盡情地享受優雅的片刻。1樓有販售紅茶、蛋糕、紅茶雜貨等。

☎06-6223-5858 中央区北浜1-1-26 11:00～18:30（週六日、假日為10:30～）休 無休 各線北濱站即到 MAP 附錄10 F-2

在古典大廈裡，陳設著英國風家具的茶館

擁有歷史的摩登空間裡，散發著甜點的香氣

五感 北浜本館

‖北濱‖ ごかんきたはまほんかん

1922年竣工的舊報德銀行分店大樓。櫥窗內陳列著巧妙融入當季食材的西點。2樓的沙龍空間過去曾經是辦公室，這裡充滿了大正時代西洋建築獨特的氛圍 — 厚實穩重又高雅。

☎06-4706-5160 中央区今橋2-1-1 新井ビル 10:00～19:00（沙龍空間為～18:00）休 不定休 各線北濱站即到 MAP 附錄10 E-2

吊燈等店內的家具用品都很古典精美

五感法式吐司「佐季節水果與香草冰淇淋」1100円

會想買來當伴手禮的黑豆瑪德蓮「ええもん」1個195円

芝川大樓裡進駐了器皿創作家——飯干祐美子的藝廊P.33、咖啡廳和巧克力專賣店等。

感受水都 — 大阪，在中之島來趟藝術散步

在閃耀大阪城市的水岸街區「中之島」有著諸多藝術景點，來這樣的中之島遊覽美術館如何呢？一定能遇見會在心中留下深刻印象的出色作品。

皆為「大阪中之島美術館」館藏

孕育大阪藝術文化的景點

大阪中之島美術館

おおさかなかのしまびじゅつかん

橫越40年的構想成形，於2022年2月啟用的美術館。館內有現代美術名畫等超過6000件的收藏作品，收藏數為日本國內頂尖。亦致力於舉辦以大阪作為關鍵字的企劃展，打造出讓人們能接觸大阪歷史與文化的契機。挑高的通道是以「人與活動交錯的都市」形象打造而成的。

☎06-6479-0550 ⌂北区中之島4-3-1 ⓛ10:00～16:30 休 週一（逢假日則翌平日休）※ⓛ休視展覽而異 ¥ 視展覽而異 ‼京阪中之島線渡邊橋站步行5分 MAP 附錄11 B-2

1 象徵美術館理念的近未來通道，是由建築師遠藤克彥所設計的
2 大阪的現代美術家矢延憲司的「SHIP'S CAT(Muse)」在這裡迎接大家
3 館外的草皮廣場是當地人們的休憩場所
4 莫迪利亞尼《Reclining Nude with Loose Hair》1917年
5 佐伯祐三《郵便配達夫》1928年

從河川上眺望中之島

觀光船「御舟海鷗」會沿著流經中之島的大河行駛，有船上早餐（僅週六日、假日8:20／10:20出發，1人4700円）等行程，能從小船上眺望中之島。MAP附錄4 E-3

在世界上也屬罕見的
地下型美術館

為了1970年的大阪萬國博覽會而創作的壁畫《Innocent Laughter》（部分）

國立國際美術館

こくりつこくさいびじゅつかん

擁有嶄新外觀的全地下型美術館。除了以國內外現代美術為主的收藏展之外，還會經常舉辦豐富多元的特別展。地下一樓有可免費入場的公共區域，以及餐廳、禮品店等，可在此度過優雅知性的一天。

☎06-6447-4680 北区中之島4-2-55
10:00～16:30（週五、六為～19:30）
休 週一（逢假日則翌週二休），換展期間
¥ 常設展430円（特展需另收費） 地下鐵四橋線肥後橋站步行10分 MAP附錄11 B-2

由阿根廷出身的建築師佩里（César Pelli）所設計

在高格調的名建築裡，
享受閱讀的片刻時光

ShoPro、長谷工、TRC共同事業體

圓頂上的圓窗有彩繪玻璃

大阪府立中之島圖書館

おおさかふりつなかしまとしょかん

由住友家族第15代家主 — 住友吉左衛門捐贈建造的圖書館，於1904年建造當時為府內唯一的圖書館。這座建築裡由圓柱支撐的正面玄關令人想起希臘神殿，而拱頂的中央廳堂有著美麗的彩繪玻璃，則讓人聯想到教堂。

☎06-6203-0474 北区中之島1-2-10
9:00～20:00（週六為～17:00）
休 週日、假日，3、6、10月的第2週四
各線淀屋橋站即到
MAP附錄10 D-1

1922年左右增建了左右兩翼的部分，幾乎就是現在的模樣

以中國、韓國陶瓷為主的
高品質收藏為傲

法花花鳥文壺 明朝／15世紀
住友集團捐贈（安宅收藏）

大阪市立東洋陶瓷美術館

おおさかしりつとうようとうじびじゅつかん

1982年啟用的美術館。以贈予大阪市、世界有名的「安宅收藏」為中心，共收藏了5691件如國寶「飛青瓷花生」、國寶「油滴天目茶碗」等，以中、日、韓為主的陶瓷器皿。
※因改裝工程休館至2023年秋季

☎06-6223-0055
北区中之島1-1-26
9:30～16:30 休 週一（逢假日則翌日休），換展期間休 ¥ 視展覽而異 京阪中之島線難波橋站即到
MAP附錄10 E-1

充滿東洋陶瓷之美，擁有諸多逸品的美術館

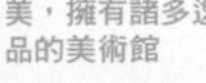

大阪府立中之島圖書館於1974年，以明治名建築之姿，獲指定為國家重要文化資產。

參觀美術館、博物館之後的樂趣所在——來逛逛禮品店吧

在參觀美術館和博物館後，前進禮品店。
這裡齊聚了讓人能沉浸在作品餘韻中且設計出色的商品，
在此尋找伴手禮也很不錯呢。

A 圖騰柱T恤
3500円
T恤上有2020年立於國立民族學博物館的圖騰柱圖案

A 土耳其藍眼睛
880円
在中東世界廣為信仰，可避除邪惡之眼的護身符

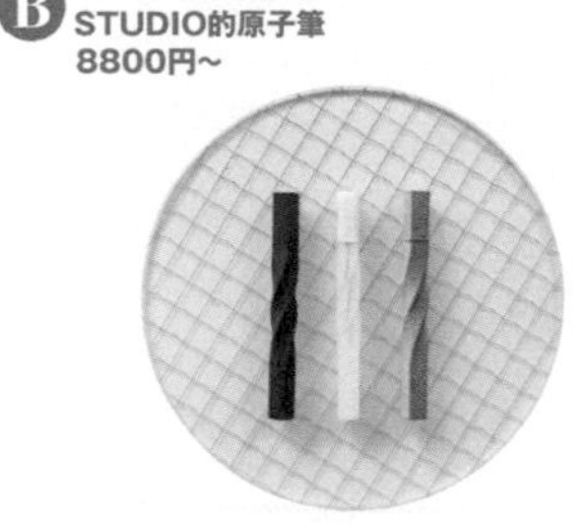

B KAIRI EGUCHI STUDIO的原子筆
8800円~

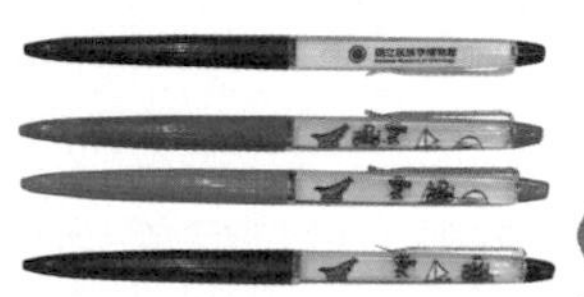

A Floating Pen
990円
傾斜筆身就會看見搭乘機動三輪車的民族學者遊覽世界的原子筆

B 以館藏作品作為圖案的原創明信片
220円~

A

匯集自世界各地的驚人資訊量與展示品

國立民族學博物館

‖吹田‖こくりつみんぞくがくはくぶつかん

世界規模最大的民族學博物館。可以透過基於田野調查的展覽體驗環遊世界。在餐廳裡能品嘗到道地的西餐。

P.115

B

開設在大阪中心區域的都市型美術館

大阪中之島美術館

‖中之島‖おおさかなかのしまびじゅつかん

2022年於中之島區域正式開館的美術館。在常設的禮品店「dot to dot today」裡也有諸多與大阪有關的藝術創作家和設計師的合作商品。

P.88
(dot to dot today:☎080-4701-5219 ⏲10:00~18:00)

也別錯過太陽之塔的商品

位在太陽之塔內和萬博紀念公園P.114內的商店裡，有各式各樣的太陽之塔商品，也很推薦大家買來當伴手禮呦。

C **砥部燒的蕎麥豬口**
各1000円~
活用砥部傳統「用與美」的實用工藝品。找出自己喜歡的吧

D **MoMA**
天空雨傘
9130円
雨傘內側呈現藍天白雲的花色。MoMA Design Store的熱銷商品

C **石川硝子工藝會的吹製玻璃杯**
各1950円~
看來簡單卻具有存在感的玻璃杯，似乎就這樣靜靜地融入在日常生活之中

D **高松次郎「影」長型玻璃杯**
1885円
高松次郎以描繪人影的作品聞名，以其作品「影」為主題的玻璃杯

D **軟膠**
太陽之塔
2035円
象徵日本萬國博覽會的「太陽之塔」商品也相當豐富

C **三宅松三郎商店的藺草編織品**
各370円~
使用天然藺草編織成的杯墊和餐墊，質樸有溫度

C

貼近生活的「民藝」與豐富美麗的世界產生共鳴感

大阪日本民藝館

‖吹田‖おおさかにほんみんげいかん

承接萬博展覽館的建築，作為為民藝運動的西據點而正式開館的民藝館。將禮品店也當作是展覽室之一，精選來自國內外的工藝品等。

P.115

D

擁有豐富的現代美術家商品

國立國際美術館

‖中之島‖こくりつこくさいびじゅつかん

位於地下一樓的禮品店有以高松次郎的「影」為主題設計的商品，以及太陽之塔的模型等種類相當豐富。

P.89
（禮品店：☎06-4803-6100 ⓛ開館日的10:00~17:00，週五、六為~19:00 休準同美術館）

在禮品店能買到與館內收藏品有關的設計商品。

在韌公園周邊悠閒找尋
增添生活色彩的舒心物品和藝術家作品

位在京町堀的韌公園周邊，大約是北區與南區之間的中間地帶，
這裡綠意盎然且通風良好，流淌著悠閒的氛圍。
來這裡找尋職人的手作作品和藝術家的作品吧。

陳列眾多成熟的女性首飾

Chateau d'abeille

シャトーダベイユ

店裡擺滿了國內外的首飾與雜貨。特別是成熟又可愛的耳環、耳夾種類相當豐富，值得一選。亦有販售歐洲絕版的首飾等。

藝術創作家首飾

☎06-6449-5538 ⌂西区靱本町1-13-13 カワコシビル1F ⏱12:30～17:00 休 不定休 ‼地下鐵各線本町站步行3分 MAP附錄11 C-4

以首飾為主，販售精選自國內外的雜貨

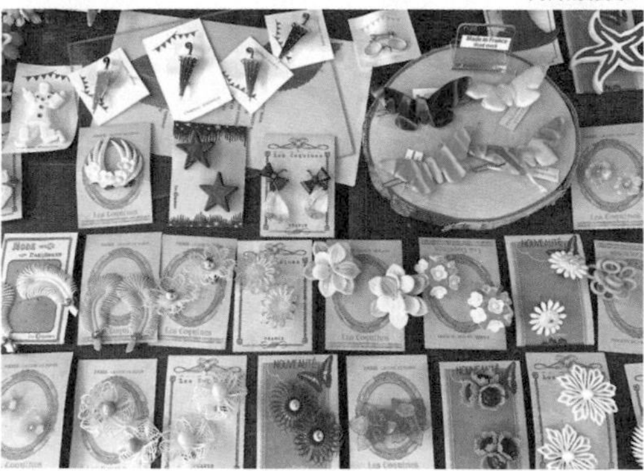

1也有眾多美國與歐洲的絕版髮夾440円～
2法國女性藝術創作家Nathalie Lete的小物袋1650円～

伊藤尚美設計的布匹

ATELIER to nani IRO

アトリエトゥナニイロ

身為水彩畫家兼織品設計師的伊藤尚美織品品牌「nani IRO Textile」旗艦店。陳列的布匹由雙層棉紗和亞麻製成，觸感舒適又漂亮。

織品 ☎06-6443-7216 ⌂西区京町堀1-12-28 壽会館ビル2F ⏱11:00～17:00 休 週一、四、日、假日 ‼地下鐵四橋線肥後橋站步行5分 MAP附錄11 B-3

13展示能成為布匹使用靈感的作品 2店內洋溢著自然光線，從大窗戶能一覽公園的綠意 4陳列著不刺激肌膚、觸感柔和的雙層棉紗

Chateau d'abeille在LUCUA 1100也有專櫃

Chateau d'abeille在直通JR大阪站的LUCUA 1100P.107，其2樓的World Zakka Marché裡也有專櫃。

1 2 店內展示的鞋子也有在販售。休閒鞋30000円～、瑪莉珍鞋35000円～、中筒靴70000円～ 3 在體驗製鞋教室中能製作色彩繽紛的休閒鞋

來此訂製專屬於自己的鞋子

COCO hand work shoes

ココハンドワークシューズ

這間鞋子工房，會丈量顧客雙腳的尺寸，製作適合每個人的皮鞋。挑選休閒鞋、瑪莉珍鞋等基本的款式、皮革，自己製作一雙休閒鞋的體驗教室也很受歡迎。

鞋子 ☎06-6443-5141 ⌂西区靭本町1-14-9 三輪ビル1F 🕒12:00～19:00 休 週日、假日、第4週六 ‼地下鐵各線本町站步行3分 MAP附錄11 C-4

\ 也看看這裡的咖啡廳&餐廳 /

在公園前感覺不賴的餐酒館，炭火燒烤與紅酒讓人讚不絕口

Ciucaté チュカテ

位在西船場公園前，總是熱鬧不已的人氣餐酒館。料理有炭烤岡山產地雞、義式水煮魚等道地風味的義大利菜。餐點的選擇很多，在這裡能用餐也能小酌一番。

餐酒館 ☎06-6441-2202 ⌂西区京町堀1-17-3 🕒18:00～翌1:30 休 週日、假日 ‼地下鐵四橋線肥後橋站步行10分 MAP附錄11 B-3

店內有站立吧檯桌和大張桌子

吧檯上擺放多種菜色，讓人食指大動

法國甜點師耗費心思的巧克力

Les Petites Papillotes

レ・プティット・パピヨット

售有一口巧克力、巧克力蛋糕、片狀巧克力等多種巧克力點心。這裡也有內用空間，能挑選可可產地的巧克力飲品也很受歡迎。

巧克力專賣店 ☎06-6443-7875 ⌂西区京町堀1-12-24 🕒11:00～20:00（週六日、假日～19:00），內用為～18:30 休 週一、二 ‼地下鐵四橋線肥後橋站步行10分 MAP附錄11 B-3

店前陳列的蛋糕也全都使用巧克力製作

西船場公園近在眼前的小店

ATELIER to nani IRO位在復古的壽會館大樓，前方即是公園，立地舒適宜人。

在日本最長的天神橋筋商店街，只選好吃的食物走走吃吃

日本最長的商店街 — 天神橋筋商店街，南北向長2.6km。
走進這條商店街，便能盡情享受大阪有名的下町美食。
這裡有好多當地人也很愛，便宜又美味的美食呦。

可樂餅 90円
柔軟的口感與炸得酥脆的麵衣，風味絕佳。就算冷掉也好吃

中村屋 なかむらや

使用北海道五月皇后馬鈴薯製作的可樂餅，充滿香甜滋味。因為是現點現做，所以總是能吃到熱呼呼的可樂餅。有時也會造成排隊人潮，生意很好。

☎06-6351-2949 ⌂北區天神橋2-3-21 ⓛ9:00～18:30（週六為～17:00）休週日、假日 ‼地下鐵各線南森町站即到 MAP附錄8 F-4

豆漿布丁 300円～
口感軟嫩且風味溫醇。除了原味、青豆之外，還有可可口味350

前田豆腐店 まえだとうふてん

使用古法製作出來的無添加豆腐廣受好評，有來自日本全國的訂單。店家黃豆的用量是普通豆腐的7倍，因此散發著濃郁的黃豆香甜滋味。

☎06-6354-2099 ⌂北區天神橋3-4-9 ⓛ11:00～19:00 休不定休 ‼地下鐵各線南森町站步行3分 MAP附錄8 F-3

嚼勁與風味都令人滿意

天神橋筋商店街裡最古早的壽司店

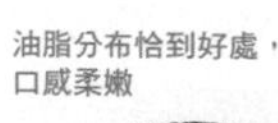

油脂分布恰到好處，口感柔嫩

肉厚充滿香氣

鯛魚 350円、鮪魚中腹 500円、鰻魚（炙燒）500円
價格1盤150円起，也推薦紅味噌湯（花蛤）550円

春駒 本店 はるこまほんてん

在天五一帶眾多壽司店中，歷史最悠久的老店。於中央批發市場採購約70種鮮度絕佳的食材，還能以實惠的價格品嘗到鮟鱇魚肝等珍饈。

☎06-6351-4319 ⌂北區天神橋5-5-2 ⓛ11:00～21:30（食材用完打烊）※不接受預約 休週二、每月1次週三休 ‼JR大阪環狀線天滿站步行3分 MAP附錄8 F-1

在下町長期受到喜愛，創業約60年的壽司老店

午間壽司定食 8貫650円
就算是位在天滿壽司激戰區還是提供了CP值相當高的定食

天五 すし政 中店 てんごすしまさなかてん

店家以嚴選出來的高級食材自豪，當日推薦的食材會寫在板子上，用餐時要確認一下。價格親民的從1盤2貫110円起，高級食材鮪魚和比目魚也只要440円相當便宜。

☎06-6358-2558 ⌂北區天神橋5-6-19 ⓛ11:30～22:30 休週一 ‼JR大阪環狀線天滿站步行3分 MAP附錄8 F-1

來天滿天神繁昌亭看落語表演吧

落語專用的定期表演劇場，位在大阪天滿宮境內北側，每日會於13:30～16:10舉辦午間表演，18:00後舉辦晚間表演。※詳情請於官網確認

洛二神 らくにじん

小魚乾、柴魚、昆布等魚類高湯，以及豚骨、雞骨等動物類高湯，各別製作的湯頭是味道的關鍵。

☎06-6371-1088 北区浪花町4-22 藤ビル 1F 11:30～14:20、18:00～22:20 休週日 JR大阪環狀線天滿站步行5分 MAP附錄8 F-1

魚濃沾麵 900円

招牌特製鹽味拉麵、沙丁魚醬油蕎麥麵也一定要嘗嘗

うまい屋 うまいや

1953年創業的老字號章魚燒店。高湯風味鮮明的章魚燒，外皮香酥，中間軟嫩Q彈。不用淋醬汁，直接吃就很好吃而廣受好評。

☎06-6373-2929 北区浪花町4-21 11:30～18:30 休週二 JR大阪環狀線天滿站步行5分分 MAP附錄8 F-1

章魚燒(8個)460円

推薦大家在內用空間享用現做熱騰騰的章魚燒

章魚仙貝 300円
(加蔥和起司)

大阪點心名物。在わなか特製的蝦仙貝中夾入章魚燒，佐料僅有醬汁與美乃滋

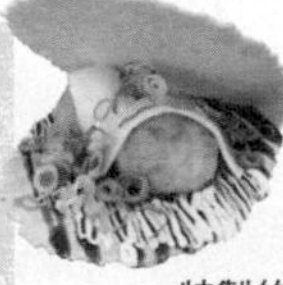

たこ焼道楽 わなか 天四店

たこやきどうらくわなかてんよんてん

特製的麵糊裡高湯與鹹度的風味恰到好處，因為是用銅板煎烤，才能做出外皮薄脆，裡頭滑嫩的口感。有很多種佐料可選擇：特製醬汁、釜炊鹽味、辣味醬汁、高湯醬油。

☎06-6881-0353 北区天神橋4-7-21 11:00～21:00 休不定休 JR大阪環狀線天滿站步行5分 MAP附錄8 F-2

請享用現做的美味

小籠包（4個）680円

肉汁滿溢的小籠包賣得最好。韭菜餡餅6個750円

上海食亭 しゃんはいしょくてい

氛圍真實的路邊攤，就好像來到上海一樣。約有20種飲茶點心和甜點，繼承了特級點心師傅的口味。請一定要嘗嘗這裡的現蒸小籠包和韭菜餡餅。

☎06-6882-5255 北区池田町5-11 18:00～22:00 休不定休 JR大阪環狀線天滿站步行3分 MAP附錄8 F-1

墨国回転鶏料理 天満本店

ぼっこくかいてんとりりょうりてんまほんてん

以特製醬汁醃漬一晚的全雞，用旋轉烤箱慢慢烘烤而成的迴轉雞為店家名物。外皮風味鮮美濃郁，裡頭鮮嫩多汁。配上啤酒或瑪格麗特雞尾酒，在白天小酌也很享受。

☎06-4801-8424 北区池田町8-4 17:00～23:00（週六日、假日為13:00～22:00）休週二 JR大阪環狀線天滿站步行4分 MAP附錄8 F-1

墨國迴轉雞(半隻)935円

附酸奶油、醃漬紅洋蔥、莎莎醬。加點墨西哥薄餅或配料，做成原創墨西哥捲餅也很不賴

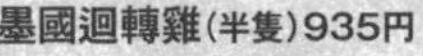

天滿市場周邊的「裏天滿」裡，到處都是好吃又便宜的居酒屋。

流淌復古街區氛圍的中崎町，前往這裡的個性咖啡廳

中崎町至今仍留有懷舊復古的昭和初期建築，
這裡有氛圍獨特、令人感覺舒適的咖啡廳。
請走進小巷裡，探尋出色的隱密咖啡廳。

加了滿滿起司，風味濃郁。厚重扎實的口感擄獲了不少粉絲

中崎奶油夾心餅乾有開心果和葡萄乾等口味。飲品也很有特色

位在軌道旁，日光充足的咖啡廳

Cafe&Bar Marble

カフェアンドバーマーブル

上到3樓，眼前是一片寬敞空間，而在大片窗戶外，與視線等高的列車行駛在軌道上，空間內也擺設著古老的家具，營造出復古懷舊的氛圍。天氣晴朗時，窗邊是頭等座，在這裡曬著太陽度過午茶時光。甜點、午餐都是店家親手製作，分量十足。

擺設著復古的古董家具，令人心情舒適

☎06-6359-0881 ⌂北区中崎西3-3-4 3F 🕒11:30～20:00（週六日、假日為～19:00）休 週一、每月第2、3週二（可能會有變動）🚶地下鐵谷町線中崎町站步行3分 MAP 附錄9 C-1

令人心動不已的嶄新甜點

hannoc

ハノック

以「讓甜點師更能發揮創意」為經營理念，於2021年3月開幕的法式甜點咖啡廳。甜點主廚們活用各自專長，製作出更加有創意的蛋糕，還有不嘗看看便無法知曉風味，搭配新穎的甜點，每次造訪都很令人開心。

廚房採用透明玻璃隔間，能看見員工工作的模樣

☎06-4792-8069 ⌂北区万歳町4-12 浪速ビル1F 🕒11:00～19:00 休 無休 🚶地下鐵谷町線中崎町站即到 MAP 附錄8 D-2

從中崎町前往天神橋筋商店街

從中崎町走進具有古早風情的天五中崎通商店街，朝東走出來，就是天神橋筋商店街。推薦大家白天在中崎町散步，晚上在天滿晚餐。

深烘焙咖啡加上鮮奶油與巧克力的甜味咖啡

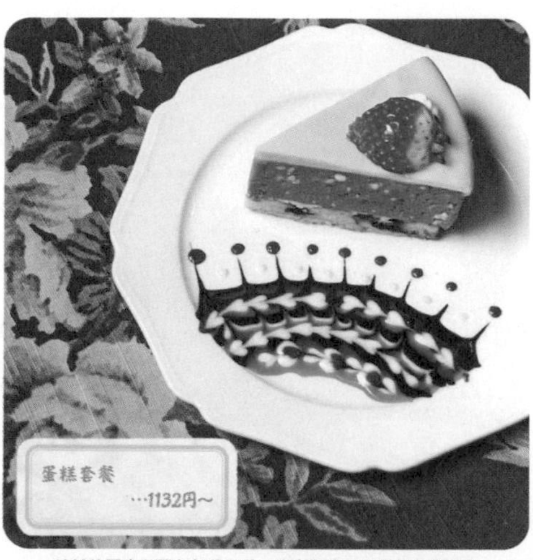

繽紛的圖案和配色都很可愛，店家對器皿和餐具也很講究

咖啡廳和書店，還有藝廊

珈琲舍・書肆アラビク

こーひーしゃしょしアラビク

綠意覆蓋的店是建於1929年的長屋。眺望著書架上緊密排列的書背，喝杯勾起少女心的摩卡咖啡。店裡有3種咖啡豆，會依品項講究地區分別使用。在店內深處設有藝廊，會舉辦企劃展。

☎06-7500-5519 ⌂北区中崎3-2-14 ⏲13:30～21:00（週日、假日為～20:00）休 週二不定休、週三 👣地下鐵谷町線中崎町站步行3分
MAP 附錄8 D-1

能夠在享受咖啡的同時，翻看書本或欣賞藝術作品

令人有像是造訪古早洋樓般的感覺，療癒的空間

cafe太陽ノ塔 GREEN WEST店

カフェたいようのとうグリーンウェストてん

翻修曾是女子宿舍的建築。淡綠色的牆面是店家的標記。每個座位都有不同的沙發或椅子，空間內的陳設、壁紙等色彩繽紛卻又配色復古，頗具個性。蛋糕裝飾得非常藝術，吃掉會覺得好可惜。

☎06-6131-4400
⌂北区中崎西2-4-36 ⏲11:00～23:00 休 無休 👣地下鐵谷町線中崎町站步行6分
MAP 附錄9 C-1

寬敞舒適的沙發座椅、充滿設計感的椅子等，尋找自己喜歡的座位

從東梅田到中崎町搭地下鐵過去，僅有1站的距離，算是在步行可達的範圍之內。穿過時髦的茶屋町，走路過去吧。

大家一起到福島的時尚餐酒館，度過美味的片刻時光吧

若晚餐後還想再享受一下夜晚時光的話，
餐酒館是個不錯的選擇。輕嘗美食，
小口啜飲葡萄酒，度過美好的晚上。

位在福島高架下，也很受女性青睞的店家

Close Time
23:00

菜單
【🍴】鐵板一分熟的鮭魚大腹排1320円
【🍷】店家自製白蘭地氣泡酒580円～

享受變化豐富的
鮭魚專賣店

SALMONBAR PARTIA

サーモンバルパーシャ

將整條鮭魚製作成義式薄片生鮭魚、橄欖油香蒜料理、披薩等，在這裡能品嘗到豐富的料理方式。使用約10種大量水果製作的店家自製氣泡水也很誘人。

☎06-6343-7477 ⌂福島区福島8-1-43 ⏰17:00～22:30 休週一 JR大阪環狀線福島站步行5分 MAP附錄5 B-3

1提供鮭魚大腹、鮭魚肚等，品嘗每個部位的風味也是樂趣之一 2炙燒鮭魚和扇貝貝柱淋香味蔬菜醬1180円。滿是蔥花的義式薄片生鮭魚980円等

從15時開店，也可以早點來喝一杯

Close Time
0:00

菜單
【🍴】TAPAS4種口味綜合S780円，西班牙海鮮燉飯2人份2000円～
【🍷】葡萄酒一杯(紅、白)550円～

有多種塔帕斯小菜的
人氣西班牙餐酒館

BANDA

バンダ

500円上下的塔帕斯小菜種類豐富，每種菜色都點來享用也很開心。料理使用採購自鄰近農家的蔬菜，而魚、肉類等主菜的分量也非常夠，能在這裡好好地吃一頓晚餐。

☎06-7651-2252
⌂福島区福島7-8-6 ⏰15:00～23:30 休週日 JR大阪環狀線福島站步行3分 MAP附錄5 B-2

店家自豪的西班牙海鮮燉飯，讓人想吃一次看看

西班牙的經典料理之一，加利西亞風味章魚860円

也別錯過梅田站即到的「阪急河童橫丁」

地點位在高架下，集結了約30家餐飲店的「阪急河童橫丁」裡也有許多餐酒館。イタリア酒場ENTRATA 茶屋町店提供葡萄酒一杯495円～，一碟料理385円起。MAP附錄9 C-1

在這間個性餐酒館可以品嘗到富含創意的沙丁魚料理

葡萄酒以日本國產為中心，再加上義大利、法國、澳洲，產地範圍廣闊共約50種

Close Time
0:00
(週日為23:00)

菜單
【🍴】沙丁魚三明治800円、西西里沙丁魚卷2個600円
【🍷】葡萄酒一杯500円～、葡萄酒一瓶3800円～

parlor184

パーラーイワシ

以沙丁魚料理為主軸，備有約70種日、西、中式交織出的美食。這裡也有交由主廚出菜的無菜單料理服務，在喊停之前主廚會分批少量地端出使用當季食材製作的料理。

☎06-6458-3233 住福島区福島1-6-24 グレーコートファイブ1F 時17:00～23:00(週日為～22:00) 休週一、每月1次不定休 交阪神本線福島站步行3分 MAP附錄11 A-1

小巧的店裡有6個吧檯座、10個桌席

餐飲店激戰區 ── 福島的隱密餐廳，翻新長屋的鐵板餐酒館

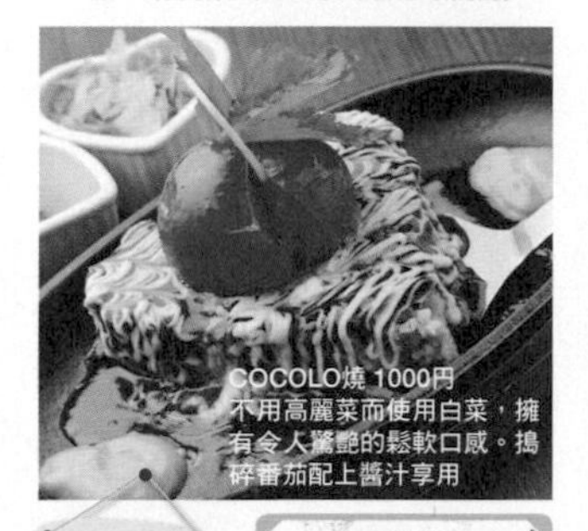

COCOLO燒 1000円
不用高麗菜而使用白菜，擁有令人驚艷的鬆軟口感。搗碎番茄配上醬汁享用

Close Time
0:00
(L.O.視日期變動)

菜單
【🍴】無菜單的季節炒綜合蔬菜1500円
【🍷】葡萄酒一瓶3000円～

鉄板焼とワイン COCOLO

てっぱんやきとワインココロ

巷弄內的大人系隱密餐廳，能品嘗鐵板燒和葡萄酒。新鮮的自家蔬菜，簡單地用鐵板來料理。收尾餐點的大阪燒也很受歡迎。一定要試試無菜單的綜合塔帕斯小菜，及名物COCOLO燒。

☎06-6225-7764 住福島区福島5-8-16 時17:00～0:00 休不定休 交JR大阪環狀線福島站步行3分 MAP附錄5 B-3

1樓備有吧檯座，2樓的桌型座位擺設的藝術作品，氛圍令人放鬆，評價不錯

改造老宅而成的西班牙餐酒館，裡面還有和式座位

店家自豪的龍蝦西班牙海鮮燉飯2人份3000円～

Close Time
0:00

菜單
【🍴】六甲直送的蘑菇橄欖油香蒜料理530円、長棍麵包1個160円、西班牙風歐姆蛋380円【🍷】現榨柳橙西班牙水果酒740円

3BEBES

トレスベベス

老宅改造成的獨棟餐酒館。使用2種高湯的西班牙海鮮燉飯，以及豐富多樣的塔帕斯小菜等，能品嘗到道地的西班牙料理。直接採購自漁港和農園等，店家對食材也很講究。

☎06-7652-3664 住福島区福島2-9-4 時17:00～23:00(週六日、假日為15:00～) 休週二 交阪神本線福島站步行2分 MAP附錄5 B-3

2樓有4個和式座位，也有包廂，充滿藝術之家的氛圍

人氣餐酒館會經常客滿，要動身到店家之前先打個電話，如果有空位的話，就請店家先幫忙保留吧。

快速介紹大阪的玄關口──大阪車站城

位在JR大阪站的站內，購物中心與百貨公司林立的大阪車站城。
只要先把大阪站中央口當作起點位置，
就能順暢地享受購物和美食了喔！

大阪車站城是怎樣的地方？

以大阪站為中心，集結購物中心、百貨公司和站內商業設施的區域。這裡的主要設施有LUCUA、LUCUA 1100、大丸梅田店等。在大阪站內也還有EKI MARCHÉ大阪，以及方便選購伴手禮的CENTRAL COURT等。MAP附錄9 B-3

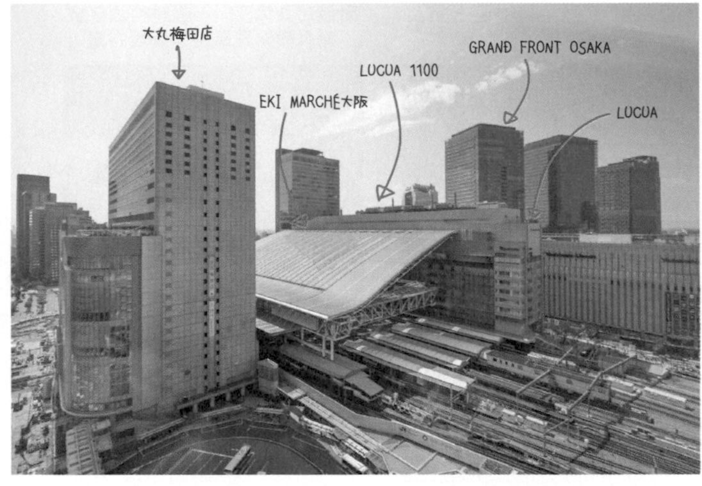

information

鐵道、大阪觀光服務處

位在JR大阪站1樓中央大廳，除了提供交通資訊之外，在這裡還能諮詢觀光資訊和住宿設施等。迷路時就先前往這裡吧。

🕒9:00～20:00

詢問處

位在JR大阪站3樓南北聯絡橋的服務處，大阪車站城內的商店和美食介紹都能為大家介紹。還有需付費的導覽服務員、語音導覽等服務。

🕒10:00～18:00

JR大阪站高速巴士總站

JR大阪站高速巴士總站位在JR大阪站中央北口（North Gate Building 1F）。總共有8個搭乘月台。

在北區移動的重點是？

要在北區內移動的話，走地下街會比較方便。位在梅田的6個車站皆有連通，方便轉乘，不論是下雨天還出太陽都能安心利用。

購物中心&百貨公司

GRAND FRONT OSAKA 的MAP

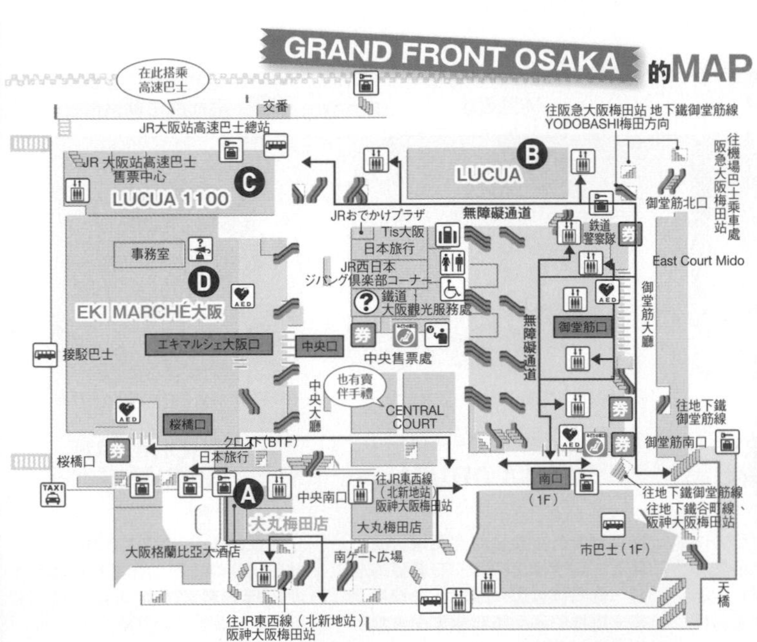

D EKI MARCHÉ大阪

JR大阪站櫻橋口出來即到，是交通方便的站內商業設施，可在此享用美食、購物等，集結了約50家店。P.104

GRAND FRONT OSAKA

位在大阪站「梅北區」的複合式商業設施，匯集時尚、美食等約260家店。「UMEKITA CELLAR」裡約30家店還有提供外帶服務。

☎06-6372-6300
北区大深町 10:00～21:00（餐廳為11:00～23:00）※視店鋪而異 休不定休
MAP附錄9 B-2

A 大丸梅田店

擁有豐富的潮流商品，在7樓有多達37個入口，方便大家能迅速買到需要的東西。在百貨公司地下美食街樓層還能買到大阪的知名美食，種類也很豐富。P.109

B LUCUA ルクア

擁有時尚、美妝、甜點等約200家類別廣泛的店鋪，適合20～30多歲對潮流敏銳的女性前來，是具有高流行敏銳度又洗鍊的時尚購物中心。B2匯集了能開心品酒的店家。

C LUCUA 1100 ルクアイーレ

約200家具有話題性的專賣店與「isetan」商店融合，適合廣泛世代的時尚購物中心，裡面多為新業態、新概念，或是初次在西日本展店的店家。9樓有梅田蔦屋書店，B2也有美食街。P.107

從JR大阪站下車時，重點在於事先掌握離目的地最近的出口。

在各種購物的空檔前往享用 GRAND FRONT OSAKA的人氣美食

GRAND FRONT OSAKA的餐廳散布在南館、北館、梅北廣場，
距離大阪站也很近，是很方便喝茶、用餐的地方。
這裡為大家挑選出能夠在不同時段前往並廣受好評的店家。

在造成話題的日本1號店 享受當紐約客的感覺

充滿NY風格的高格調料理。
和葡萄酒一起享用

南館 7F THE CITY BAKERY BRASSERIE RUBIN

シティベーカリーブラッスリールービン

由在海外戲劇蔚為話題的「THE CITY BAKERY」老闆所推出的新業態餐廳。在優雅摩登的空間裡，能邊啜飲葡萄酒邊好好享受NY風格料理。

☎06-6359-2266
🕒11:00～22:00 MAP附錄9 B-2

摩登的店裡散發著
現烤麵包的香氣

MENU

沙拉午餐（附湯&麵包）……1562円
主菜午餐（附沙拉&麵包）…1595円
現烤麵包無限供應（僅午餐時段）

能享受海外食材 的選貨店

在能內用的「Market Table」品嘗午餐

梅北廣場 B1F DEAN & DELUCA

ディーンアンドデルーカ

匯集世界美味食物的食品選貨店。首次在關西推出裡面設有餐廳的店鋪，備有麵包店、甜點、各國食材等，這裡的產品陣容讓享受食物的方式更加寬廣。

☎06-6359-1661 🕒10:00～22:00
（餐廳為11:00～21:30）MAP附錄9 B-2

在「Market Store」陳列著麵包、
點心和加工食品

MENU

法式鹹派午餐…………1500円
義大利麵午餐…………1750円
（皆附麵包、飲品）

空間與料理都是 時尚的北歐風格

午餐是能享受講究的熟食菜色與甜點的自助餐形式

北館 1F SØHOLM CAFE +DINING

スーホルムカフェアンドダイニング

位在家飾店「ACTUS梅田店」內的北歐風格咖啡廳。在這裡能享受到北歐傳統料理，如肉丸、嫩煎雞肉，以及季節限定菜單等。

☎06-6359-2737 🕒11:00～20:00
MAP附錄9 B-2

自然光灑落的舒適空間

MENU

盤餐套餐（3種）……成人1500円
熱三明治／SOHOLM漢堡…成人1500円
兒童盤餐……………980円

UMEKITA FLOOR是屬於大人的美食空間

UMEKITA FLOOR裡有14家店鋪，是氛圍摩登又沉靜的美食樓層。在各家店續攤，能享受這邊吃吃、那邊喝喝的樂趣。

活用新鮮漁獲美味的道地西班牙餐酒館

附有招牌西班牙海鮮燉飯的全餐也很受歡迎

南館7F Bar Español LA BODEGA 大阪店

バルエスバニョールラボデガおおさかてん

西班牙海鮮燉飯充滿了海鮮的鮮美滋味，西班牙生火腿是從整隻生火腿上直接切下，義大利麵則使用了JA紀之里產的Mekkemon蔬菜等，在這裡能盡享道地的西班牙料理。

☎06-6485-7796 ⏰11:00～14:50、17:00～21:30 MAP附錄9 B-2

提供露臺座位，美麗景觀也是店家自豪的點之一

MENU

美食全餐　午餐2860円、晚餐3300円
西班牙海鮮燉飯（附沙拉、僅午餐時段）‥‥1529円
各種BODEGA限定西班牙葡萄酒‥‥803円～

能輕鬆走入的大人遊樂場餐廳

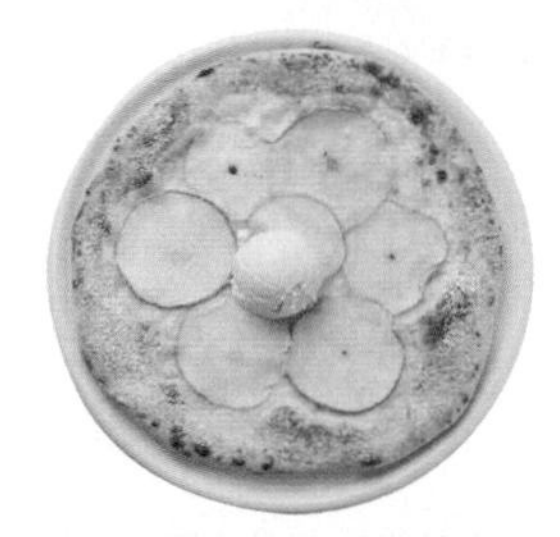

自開幕以來便是人氣NO.1的甜點披薩，就算是飯後也能很快吃光

北館6F muse umekita winebar & grill

ミュゼウメキタワインバーアンドグリル

從大片窗戶能眺望夜景的義大利餐酒館。拿坡里披薩、肉類料理、魚類料理等菜單選擇豐富，並且也能以實惠的價格品嘗到葡萄酒。

☎06-6485-7175 ⏰11:00～22:30 MAP附錄9 B-2

能一覽梅田夜景的窗邊，是最受歡迎的座位

MENU

蘋果與馬斯卡彭起司蜂蜜披薩‥‥‥1610円
香草蝦與店家自製穀片凱薩沙拉‥‥1070円

將巴黎精緻小餐館的風味以可麗餅＆薄餅呈現出來

大量使用從和歌山縣產地直送並講究當季與鮮度的水果與蔬菜

梅北廣場B1F CRÊPERIE Le Beurre Noisette

クレープリールブールノワゼット

由位在巴黎15區的精緻小餐館「Le Beurre Noisette」主廚所開的薄餅、可麗餅店。店內有著巴黎沙龍空間的氛圍，甜點、鹹食系的菜單品項相當豐富。

☎06-6485-7795
⏰11:00～21:30 MAP附錄9 B-2

鹹食和甜點都充滿講究與堅持，菜單的品項組成在各種時段都能享用

MENU

腰脊心牛排與和歌山縣產季節蔬菜薄餅‥‥1573円
香蕉烤布蕾　甘納許巧克力（佐香草冰淇淋）可麗餅‥‥‥‥‥‥‥‥‥‥1133円

大家能夠自由攜帶購自本樓層店鋪的餐點及飲品，到UMEKITA FLOOR的公共區域座位享用

在等候電車的時間，順道繞去 EKI MARCHÉ 購物

想在已安排好的時間內挑選伴手禮的話，到EKI MARCHÉ最方便。
JR大阪站以及新幹線停靠的JR新大阪站都有EKI MARCHÉ，
裡面也有豐富的外帶美食喲。

IPPINSAN。
いっぴんさん

這家選貨店匯集了日本好物，以及在當地受到喜愛的出色商品，種類廣泛的精美商品，會讓人想要買來送給親朋好友。也另外設有關西特產區，非常適合到這裡尋找精緻的伴手禮。

☎06-4256-0573 🕒11:00～22:00

如費南雪般的甜甜圈

開心果＆覆盆子費南雪甜甜圈
1盒1200円

費南雪麵糊中拌入覆盆子果醬，散發著微微開心果香氣的甜甜圈

蛋包飯便當
1380円

蛋包飯（雞肉或蕈菇）配上漢堡排、炸蝦、炸雞塊、薯條的便當

有招牌蛋包飯等種類豐富的外帶品項

洋食 北極星
ようしょくほっきょくせい

這裡也有創業迎來100週年的老牌洋食店。早上有令人懷念的早餐，而中午的料理則以大正時代持續至今的招牌蛋包飯為主。晚上準備了只有在關西才能吃到的豐富種類下酒菜。

☎06-6347-7078 🕒8:00～23:00

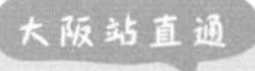

EKI MARCHÉ大阪
エキマルシェおおさか

JR大阪站櫻橋口即到（閘票口外）的商業設施，於2022年夏天改裝成以美食為主。從早上就開賣的外帶專賣店，以及到很晚都還能用餐的餐飲店等，站內集結了約50間能輕鬆享受美食的店鋪。

☎06-4799-3828（詢問處）
🏠北区梅田3-1-1 🕒6:30～23:30（視店鋪而異）休不定休
‼JR各線大阪站即到
MAP附錄9 B-3

早上7點半營業，在此開心享用早餐♪

de tout Painduce
デトゥットパンデュース

散發濃郁國產小麥風味的麵包，配上使用採購自契約農家的蔬菜所製作的當季美味。吐司、硬式麵包就不用多說，這裡還有使用當季水果和蔬菜的麵包等，隨季節時期推出不同的麵包。

☎06-4797-7770 🕒7:30～22:00

厚切培根與受精蛋的佛卡夏三明治450円

把煮得滋味鹹甜的厚片培根與受精蛋水煮蛋，夾入添加酸奶油、帶點濕潤美味的佛卡夏麵包裡

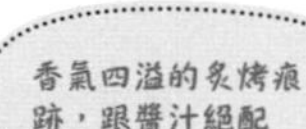

炙烤醬油糰子 1支249円

用備長炭炙烤100%米粉製作的糰子，再沾裹昆布高湯和壺底醬油熬煮出的特製醬汁而成

浪芳庵
なみよしあん

1858年創業的老字號和菓子店。販售講究食材和製作方法、職人精心製作的數種和菓子。其中的知名炙烤醬油糰子，使用獨家製法，就算冷掉也柔軟好吃，因而廣受各地顧客喜愛。

☎06-6485-8191 🕒11:00～22:00

也留意一下閘票口外的美食街

EKI MARCHÉ新大阪的閘票口外（Sotoe）的區域設有美食街。從肉丼到壽司、烏龍麵等都有，最適合在移動前先填一下肚子。

新大阪站內

EKI MARCHÉ新大阪

エキマルシェしんおおさか

位於JR新大阪站內，對等電車或要轉乘新幹線、在來線時來說相當方便。裡面進駐了只有在關西才買得到的伴手禮店、餐飲店，讓大家能在站內有效地利用時間。

☎06-6309-5946（9:00～20:00）淀川区西中島5-16-1 6:30～23:00（視店鋪而異） 休 無休 JR各線新大阪站內、在來線閘票口內、在來線東閘票口外 MAP 附錄3 B-3

UGUISU BALL 55g 550円

丹波黑豆的黃豆粉、濃抹茶、鹽昆布等，有各種不同的口味

以長銷80年以上的點心自豪

うぐいすボール

由擁有80年以上歷史，製造「UGUISU BALL」的植垣米菓首次推出的UGUISU BALL專賣店。在講究使用食材的Premium UGUISU BALL上添加各式各樣的風味。

☎06-6300-5445
9:00～21:30

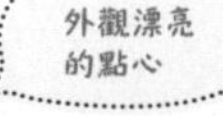

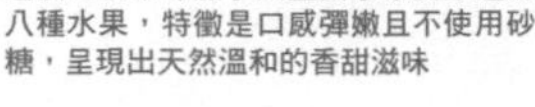

Fruit Punch Jelly 450円

這個人氣果凍加了大量由水果店嚴選的八種水果，特徵是口感彈嫩且不使用砂糖，呈現出天然溫和的香甜滋味

外觀漂亮的點心

FRUIT GARDEN 山口果物

フルーツガーデンやまぐちくだもの

以「在生活型態中多攝取些水果！」為概念，販售嚴選水果的水果店。擁有人氣的水果三明治和水果果凍，能吃到和尋常水果不同的風味，令人期待與這些水果的相遇。

☎06-6195-1616 9:00～21:30

現烤起司蛋糕 18cm 865円

散發起司香氣的鬆軟蛋糕，底部鋪滿帶著香甜滋味的葡萄乾

排隊名店的起司蛋糕CP值也很高

りくろーおじさんの店

りくろーおじさんのみせ

使用直接從丹麥傳統工房進口、風味深厚的奶油起司製作。除了雞蛋和鮮乳之外，底部還鑲崁著葡萄乾，使用嚴選食材製作出蓬鬆柔軟的起司蛋糕。

☎0120-57-2132（9:00～17:00總部客服課）9:00～21:30

Honey-Comb Tart 4個1組 1750円～

內有4種塔類點心的組合。因為可以常溫保存，也很適合帶回國當作伴手禮

HACHIMITSU SWEETS en-nui

はちみつスイーツアンニュイ

以採集自大阪的完熟生蜂蜜為主，販售使用嚴選食材細心烘烤而成的講究塔點。切成方便食用的長方形，是道外觀也很可愛的塔點，可單買1個。

☎06-6886-8333 9:00～21:30

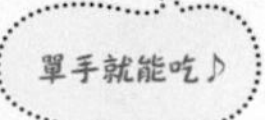

單手就能吃♪

喜八洲総本舗

きやすそうほんぽ

以「使用最棒的食材，以實惠價格提供手作的和菓子」為宗旨，販售多款古早味和菓子。有最受歡迎的醬油糰子，以及金鍔、饅頭點心等，販售約10種的和菓子。

☎06-6476-9922
9:00～21:30

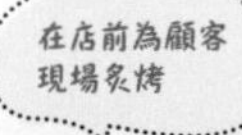

在店前為顧客現場炙烤

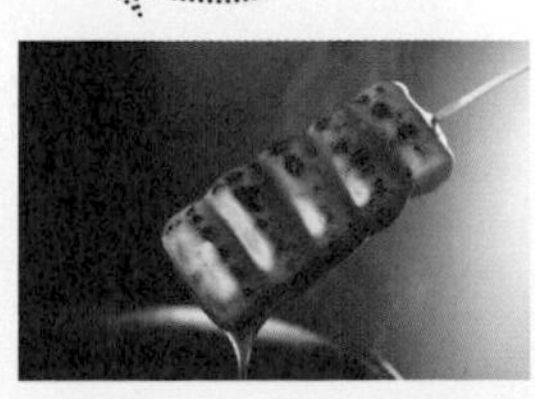

醬油糰子5支裝540円

將糯米粉和米粉以絕妙比例調和蒸製的糰子，再沾裹特製醬汁。店家會在點單後才為顧客炙烤。

EKI MARCHÉ新大阪裡也有赤福和551蓬萊的豬肉包、PABLO的現烤起司塔、MADAME SHINCO的Madame Brule等呦。

在 LUCUA 與 LUCUA 1100 找到非常可愛的大阪伴手禮

位在直通大阪站的好地點，LUCUA 與 LUCUA 1100進駐了對潮流很敏銳的店鋪。
匯集了將大阪特有圖案設計得非常可愛的時尚伴手禮。
引領話題的外帶美食也一定要嚐嚐。

大阪MIX
BAG670円、
S JAR 980円、
M JAR 2650円

糖果上有章魚燒／鍋鏟／鯨鯊／オオサカ／しらんけど，五種具大阪風情的插圖與文字。口味除了有經典的草莓、葡萄、鳳梨之外，還有限定的綜合果汁、蘇打汽水

LUCUA 2F
PAPABUBBLE

來自西班牙巴塞隆納的糖果店。由職人一個個手工製作的可愛糖果在口中輕輕化開。

現烤卡士達蘋果派
各420円

此蘋果派的特徵是在多達144層酥酥脆脆的店家自製派皮中，加入了卡士達醬和大塊蘋果

LUCUA B1F
焼きたてカスタードアップルパイ専門店「RINGO」

在附設工房的店鋪供應現烤的蘋果派。店家自製的派皮包裹著卡士達醬和方塊狀的蘋果，帶來口感與香氣的雙重享受。

LUCUA 1100 2F
MIYABI'S バウムクーヘン

來自泉佐野市的年輪蛋糕專賣店。其特徵是將特製的麵糊使用特殊烤箱細心烘烤，製作出鬆軟中帶點濕潤，有如戚風蛋糕般的口感。

切片年輪蛋糕(原味)
200円～

切片年輪蛋糕除了經典的原味之外，還有巧克力、草莓、升級版等豐富的口味陣容。此外，添加果乾與花朵的「裝飾年輪蛋糕」也很受歡迎。草莓脆片、巧克力脆片各250円，綜合花朵、綜合堅果各500円等

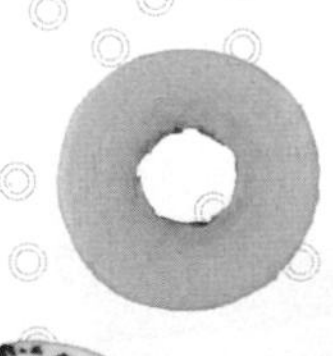

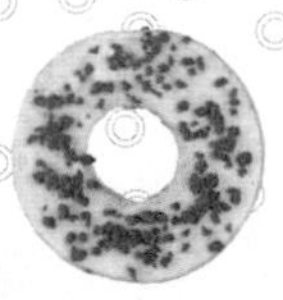

也別錯過B2的地下餐酒館美食街

在LUCUA的地下2樓有營業至23時的地下餐酒館美食街。在這裡能品嘗到章魚燒、串炸等大阪美食呦。

外包裝是以法國甜點店傳統的三角包裝「Paquet Monté」為範本設計的，相當可愛

LUCUA 1100 2F

カヌレ TRI-CO

大阪誕生的可麗露專賣店。使用嚴選食材，每天逐一手工製作。有經典的原味等繽紛的12種可麗露。每月還會有新款登場。

6個1組1400円
12個1組2400円

能挑選6個自己喜歡的口味配成1組購買

LUCUA 1100 2F

ponpon X Chris.P

由販售大阪銘菓「粟米香、岩米香」的あみだ池大黒所經營，有將一顆大小的「pon pon Ja pon」和美式棉花糖黏米香，組合重現的「Matthew & Chris.P」等產品。

「pon pon Ja pon」的「WakuWaku Colorful」540円～（左前），以及將米香混合棉花糖的「Matthew & Chris.P」（左後）609円～等，有許多外觀也很可愛的甜點

LUCUA ルクア
LUCUA 1100 ルクアイーレ

☎06-6151-1111（總代表號）
⌂北区梅田3-1-3
🕒10:30～20:30（部分店鋪除外）
休 不定休
‼直通JR各線大阪站
MAP 附錄9 B-2

LUCUA 1100的9樓有梅田 蔦屋書店，營業時間為10:30～21:00，相當方便。

發現可愛&新風味，百貨公司地下美食街的話題伴手禮

要說距離大阪站很近的百貨，就有阪急、阪神、大丸3家。
各家百貨的地下美食街集結了超多好吃的東西。
這裡為大家挑選出好像能和朋友聊得很起勁，具有話題性的伴手禮。

B ウメダチーズラボ

餅乾
8片 1080円
把白色巧克力，以及使用古岡左拉起司與高達起司製作的奶油乳酪，夾進起司餅乾中。喜歡起司的人一定要品嘗看看

C 福壽堂秀信

ふくふくふ
1個227円
蘊含祈求福氣綿延寓意的和菓子。蛋糕裡加了滿滿店家自製的紅豆餡，是款蒸得鬆軟且帶點濕潤的日式蛋糕

C Sebastien BOUILLET

焦糖堅果

巧克力 西洋梨　水果

塔點
3個1080円～
法國里昂名店首次於關西推出的概念店。在塔皮裡加入瑪德蓮、費南雪等小蛋糕，再堆疊上果乾和堅果所做出的塔點，種類也很豐富。
※口味視季節變動

C カレーのくち

カレーのくち綜合口味
CA100 1080円
由「とよす」米菓推出的咖哩仙貝專賣店所販售的綜合包裝，內有原創咖哩口味、香辣咖哩口味、奶油雞肉咖哩口味3種

B 大阪 愛シング

OSAKA CATS 1728円
這個餅乾盒裡裝滿了以大阪為主題的可愛糖霜餅乾

A Bâton d'or

Bâton d'or 各601円～
奢侈使用無水奶油製作，擁有濃郁奶油香的酥脆餅乾，有各種不同的口味可供大家品嘗。有砂糖奶油，以及使用厄瓜多可可豆製作的巧克力等，個性十足的棒狀甜點

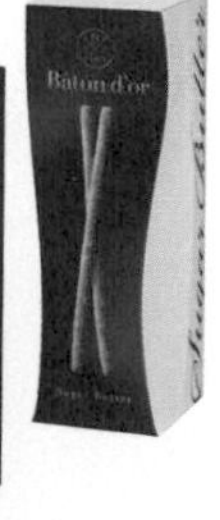

也別錯過大阪誕生的甜點

MADAME SHINCO的年輪蛋糕、Madame Brule等也很受歡迎。在大丸梅田店就能買到，去找看看吧。

A HAPPY Turn's

Happy Pop 30個裝
1944円
這款綜合禮盒裡裝滿了和三盆糖、起司、鹽奶油、焦糖巧克力、香草牛奶，結合5種日、西式的不同風味

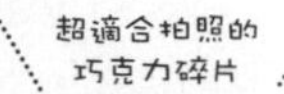

C LA VIE EN CHOCOLAT

5種口味(240g)
1620円
神戶岡本的CHOCOLATE HOUSE Mon Loire的巧克力碎片。挑選喜歡的口味，店員會現場將披薩大小的巧克力弄碎後裝進盒子裡

PotatoBasic
鮮美鹽味
69g(23g×3袋）
620円

PotatoCrispy
鹽味大蒜
60g 480円

A GRAND Calbee

卡樂比與阪急百貨攜手打造出讓人會想當成禮物的洋芋點心。可以透過各種不同的製作方式和形狀，享受到日本各地馬鈴薯的美味。從經典口味到具有個性的口味，共有8種可選擇

A 阪急うめだ本店
はんきゅううめだほんてん

☎06-6361-1381
北区角田町8-7
10:00～20:00（週五、六為～21:00，部分店鋪除外） 休 不定休 JR各線大阪站步行5分、阪急各線大阪梅田站步行3分
MAP 附錄9 C-2

B 大丸梅田店
だいまるうめだみせ

☎06-6343-1231
北区梅田3-1-1
10:00～20:00
休 不定休
JR各線大阪站即到
MAP 附錄9 B-3

C 阪神梅田本店
はんしんうめだほんてん

☎06-6345-1201
北区梅田1-13-13
10:00～20:00（視星期或樓層而異） 休 不定休 JR各線大阪站步行3分、阪神本線大阪梅田站即到
MAP 附錄9 C-3

以堂島蛋糕卷出名的Mon Cher的姊妹品牌 — baby Mon Cher也進駐大丸梅田店了。

感受著水的氣息
與徐徐和風，
悠閒地在大阪度過時光也很不賴。

前往大阪獨有的觀光景點

在此要為大家介紹
從大阪城、萬博公園等經典觀光地區，
到代表大阪的娛樂設施 — 日本環球影城等，
一定要去看看的觀光景點。
還有由海遊館策劃、以五感體驗的博物館NIFREL
與天保山的港灣區域也別錯過囉。

位在城市中央的綠意公園——大阪城的精彩看點介紹

位在大阪市區中央，總面積超過105.6ha寬廣的大阪城公園。
從天守閣眺望綠意盎然的景色，
遙想豐臣秀吉、真田幸村等有關的戰國武將。

更加瞭解大阪歷史和秀吉的生涯

大阪城天守閣 おおさかじょうてんしゅかく

豐城秀吉以統一天下為目標所築的大阪城。第一代天守閣於大阪夏之陣中燒毀，而第二代則因雷擊燒毀，因此現在的天守閣是第三代。城堡內部是解說關於秀吉生涯，以及擁有諸多戰國時代大阪城相關文化資產的博物館。在8樓的觀景台能夠從高50m處一覽大阪街區。

☎06-6941-3044 中央区大阪城1-1 9:00～16:30 休 無休 ¥ 600円（與大阪歷史博物館的套票為1000円） 地下鐵各線谷町四丁目站、JR大阪環狀線大阪城公園站步行15分 MAP 附錄4 E-4

變身成戰國武將和町家姑娘

在2樓能試穿戰國武將的兜（頭盔）、陣羽織（鎧甲外罩），以及小袖（戰國時代的短袖和服）拍攝紀念照。1次500円

豐臣秀吉的馬藺後立付兜

真田幸村的鹿角脇立付兜

黑田官兵衛的赤合子形兜

加藤清正的蛇目紋長烏帽子形兜

天守閣內的禮品店

禮品店位在大阪城天守閣內的1樓和8樓，售有大阪城的原創商品和大阪伴手禮，來挑選中意的吧！

天守閣造型磁鐵
440円

繞大阪城遊逛一圈

北外濠
內濠
青屋門
西外濠
火藥庫 6
大阪迎賓館
天守閣
金明水井亭 1
東外濠
2 金庫
5
MIRAIZA OSAKA-JO
西之丸庭園
4 大手門
櫻門
3 豐國神社
南外濠

1 金明水井亭

金明水井亭是江戶時代被稱為黃金水的水井遺跡，屬日本重要文化資產。

2 金庫

德川幕府保管金銀貨幣的金庫，海鼠壁外牆十分漂亮

3 豐國神社

祈求出人頭地的葫蘆御守 各1200円

祭祀豐臣秀吉、其子秀賴，和其異父之弟秀長的神社。向從農民晉身至統一天下者的秀吉祈求能分得其出人頭地的運氣。1961年移建至大阪城。
☎06-6941-0229 ¥自由參觀

4 大手門

大阪城的正面玄關，為1628年所建的建築。請特別注意長年被視為大阪城之謎 — 柱子的榫接部分。

5 西之丸庭園

位在本丸西側的廣大庭園，有著草皮廣場和300株櫻花等綠意盎然，這裡也是經典的野餐景點。入場費成人200円（週一休，逢假日則翌日休）

6 火藥庫

保管火藥的倉庫，由石頭打造的建築是日本現存僅有的遺跡。

也去JO-TERRACE OSAKA看看吧

JO-TERRACE OSAKA

ジョーテラスオオサカ

有如融入綠意盎然的公園之中，日式摩登建築毗鄰而建的模樣，呈現出現代城下町般的氛圍。

☎06-6314-6444（JO-TERRACE OSAKA詢問處）⌂中央区大阪城3-1 ⏰7:00～22:00（視店鋪而異）
‼JR大阪環狀線大阪城公園站即到
MAP附錄4 F-3

1除了時尚的咖啡廳之外，這裡還有章魚燒和大阪燒店等

good spoon All Day Brunch & Dinner & BBQ Terrace

グッドスプーンオールデイブランチアンドディナーバーベキューテラス

用炭火燒烤主廚嚴選肉品的綜合烤肉「MEAT PLATTER」很受歡迎，還有每日替換菜色的午餐組合1408円、烤牛肉咖哩飯1518円等能輕鬆品味的菜單。

☎06-6450-6780 ⌂JO-TERRACE OSAKA2F
⏰11:00～21:30（餐點～21:00）休不定休

2能在有如NY餐廳的摩登氛圍中，品嘗BBQ
3MEAT PLATTER午餐2068円～

大阪城也以戰國時代勇將 — 真田幸村的最後戰役之地聞名。

來去萬博紀念公園看太陽之塔吧

由藝術家岡本太郎所設計的萬博紀念公園之象徵 — 太陽之塔。
現在也仍擄獲人心的太陽之塔，
會依觀看者的角度展現各種不同的表情。

萬博紀念公園

ばんぱくきねんこうえん

☎0120-1970-89
⌂吹田市千里万博公園 🕒9:30～16:30 休週三（逢假日則翌日休，4月1日～GW，10、11月無休）¥成人260円（自然文化園、日本庭園通票）P有 👣大阪單軌電車萬博紀念公園站步行5分
MAP附錄3 C-1

在綠意環繞四周的萬博紀念公園野餐

距今約50年前，
曾讓全日本陷入瘋狂的
「日本萬國博覽會」。
在其舊址 — 萬博紀念公園，
有太陽之塔位在其中的廣場、
博物館等各種值得一探的景點。
天氣好的時候也很推薦大家在這裡野餐。

照片提供：大阪府

展示國內外陶瓷器和染織品等

大阪日本民藝館

おおさかにほんみんげいかん

館內陳列的除了陶瓷器、染織品、木漆工藝品等民藝品之外，還有日本思想家柳宗悅提倡民藝運動的相關作品。在鋪設石板的室外中庭，展示著壺、甕、鉢等作品。館內設置的禮品店P.91售有各地的工藝品。

☎06-6877-1971 🕒10:00～16:30
休週三（逢假日則翌日休、換展期間，有夏季、冬季休館）¥成人710円 MAP115

禮品店內陳列著丹波燒、出西窯等杯盤器皿

每年2次於春秋之際會舉辦特展

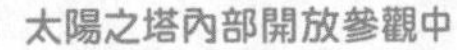
太陽之塔內部開放參觀中

由藝術家岡本太郎設計的太陽之塔，內部部分開放參觀中，預約方法及詳情請於「太陽之塔」官網確認。

展示諸多重現當時情景的模型與資料

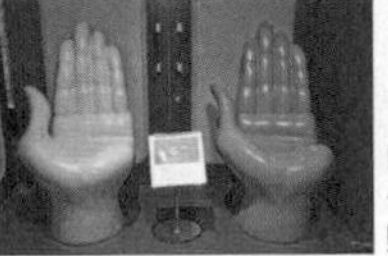
岡本太郎設計的手之椅
照片提供：大阪府

能看見當時貴重的資料和展示作品

EXPO'70展示館

エキスポ70パビリオン

將大阪萬博當時的「鋼鐵館」重新改造而成的紀念館，從影像和模型、女接待員的制服起，共展示了約3000件大阪萬博當時的資料。特別是舉辦音樂與雷射光束表演秀的場地「Space Theater」，大家務必前往一見。

☎0120-1970-89 🕒10:00～16:30 休週三（準同萬博紀念公園）¥高中以上210円（自然文化園需入園費。特展另外收費）MAP115

在「民博」親近世界文化

國立民族學博物館

こくりつみんぞくがくはくぶつかん

以民族學、文化人類學為基礎，介紹世界文化。展示服飾、生活用品等約1萬2000件資料，是世界規模最大的民族學博物館。能免費觀賞世界各地採訪影片的Videotheque也廣受好評。

☎06-6876-2151
🕒10:00～16:30
休週三（逢假日則翌日休）¥成人580円、大學生250円（高中生以下免費）MAP115

1展示品讓人有如到了世界各國旅行一般 2為了融合公園風景，建築都蓋得較低

從空中觀察路和觀景塔能觀察到森林各種表情的「SORADO」

讓人能感受里山的恬靜森林

自然文化園 しぜんぶんかえん

將舉辦大阪萬博當時林立的展館重新改造而成的公園。以太陽之塔為中心，東側有草皮廣場，西側的樹林間則散布著流水與池塘，讓人彷彿身處森林或里山一般。

DATA準同萬博紀念公園 P.114

造訪萬博紀念公園的話，推薦大家在EXPOCITY午餐。從美食區也能看見太陽之塔呦。

運用「令人著迷」的展覽方式刺激五感，在NIFREL感受生物的魅力

以「感性接觸」為概念，由海遊館策劃的博物館，
聚焦「顏色」、「技能」、「悠游」等前所未有的視角，打造出新穎的8個區域。
透過融入藝術元素的展覽，能直觀地接觸生物的特色與魅力。

顏色鮮明的黃體葉鰕虎在藍色的枝狀珊瑚旁游來游去

有如玻璃製品的模里西斯鞭腕蝦

接觸顏色

入館後最先踏進的區域。色彩鮮明的魚兒們悠游在13個圓柱形水槽內部，這裡也會點亮燈光，4種顏色變換的空間相當夢幻美麗。

在顏色變化的空間中，色彩鮮明的小丑魚非常顯眼

北部蛇頸龜 伸縮著長長的脖子，悠游水中的模樣非常獨特

接觸悠游

在這個展覽空間中，能透過光影看見在清澈水中悠然起舞的魚兒們。生物悠游的影子和水滴打造出美麗漣漪，在光的引導下浮現在藝術空間中。

鯔魚連連擺動的小腦袋和悠游的影子，都清楚地映照出來

射水魚 從口中咻地射出水柱，藉此獲取飼料

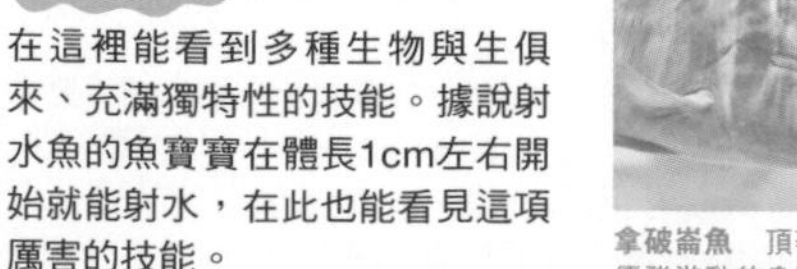

接觸技能

在這裡能看到多種生物與生俱來、充滿獨特性的技能。據說射水魚的魚寶寶在體長1cm左右開始就能射水，在此也能看見這項厲害的技能。

拿破崙魚 頂著滑稽的臉優雅游動的身姿，讓人看了不禁莞爾

以生命源頭的象徵「WATER」為主題的影像裝置藝術

夢幻時刻

由藝術家松尾高弘打造的光之裝置藝術。懸浮在空間中的球體和地面，會呈現出16種不同的場景。描繪自然之美的瞬間，隨著充滿震撼力的影像及音樂，讓人能完全沉浸在這神祕的空間之中。

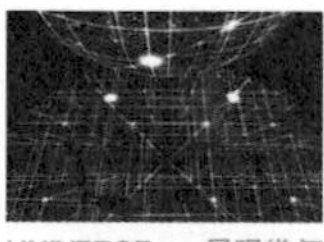

UNIVERSE—展現幾何學點、線、面的空間

"Wonder Moments" by Takahiro Matsuo

NIFREL ニフレル

☎0570-022060（NAVIDIAL） 吹田市千里万博公園2-1 EXPOCITY 內 ⏰10:00～17:00（週六日、假日為9:30～18:00）、有季節性變動 休無休（1年有1次臨時公休） ¥成人（16歲～）2000円、中小學生1000円、幼兒（3歲以上）600円 大阪單軌電車萬博紀念公園站步行2分 MAP附錄3 C-1

白老虎「AQUA」君
因幼虎時期喜歡玩水而有此暱稱。館方人員會將AQUA的食物藏起來或吊掛起來，每日為AQUA創造開心的用餐時光。

接觸水邊

2樓的有陽光照耀的寬敞空間，在水岸邊生活的大型動物會以令人震撼的氣勢在此迎接來客。除了受到大眾喜愛的白老虎之外，在這裡還能見到灣鱷和世界三大珍獸之一的侏儒河馬等罕見生物。

接觸行為

動物們充滿活力，開心自由地來回活動的區域。隔著一條小河，能近距離地感受這些隨心所欲的生物世界。

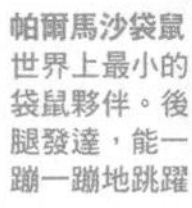

帕爾馬沙袋鼠
世界上最小的袋鼠夥伴。後腿發達，能一蹦一蹦地跳躍

環尾狐猴　毛茸茸的長尾巴是牠的註冊標記

穴鴞
是少見的日行性貓頭鷹，喜歡停在廁所標誌上

野餐咖啡廳

EAT EAT EAT

位在「接觸水邊」區域旁的咖啡廳。動物們就不用多說，從窗戶還能望見太陽之塔。以「接觸美食」為概念，在這裡能品嘗到使用講究食材製作的三明治、熱狗、咖哩、甜點等餐點。

菠菜飯、雞肉和蔬菜的份量都很十足的鱷魚咖哩飯1050円（附飲品＆配餐為1600円）

TORAYAKI 430円
老虎圖案的包裝很可愛，每季都會有當季口味登場

禮品店

NIFREL×NIFREL

這裡有以各種生物為主題所設計的原創點心、玩偶、雜貨等眾多商品。

珠鍊吊飾
維多利亞鳳冠鳩
1350円

Nijiyura X NIFREL
白老虎擦手巾
1680円

位在NIFREL後面的摩天輪高約120m，高度為日本第一。搭乘它能將大阪街區盡收眼底。

感受著海風氣息 遊逛海遊館&天保山港灣區域

從大阪站搭30分電車，就能抵達大阪的港灣區域 ── 天保山。
建議大家在海遊館望欣賞巨大水槽，被可愛生物療癒之後，
盡情地享受大阪美食，搭乘遊覽船一遊大阪灣。

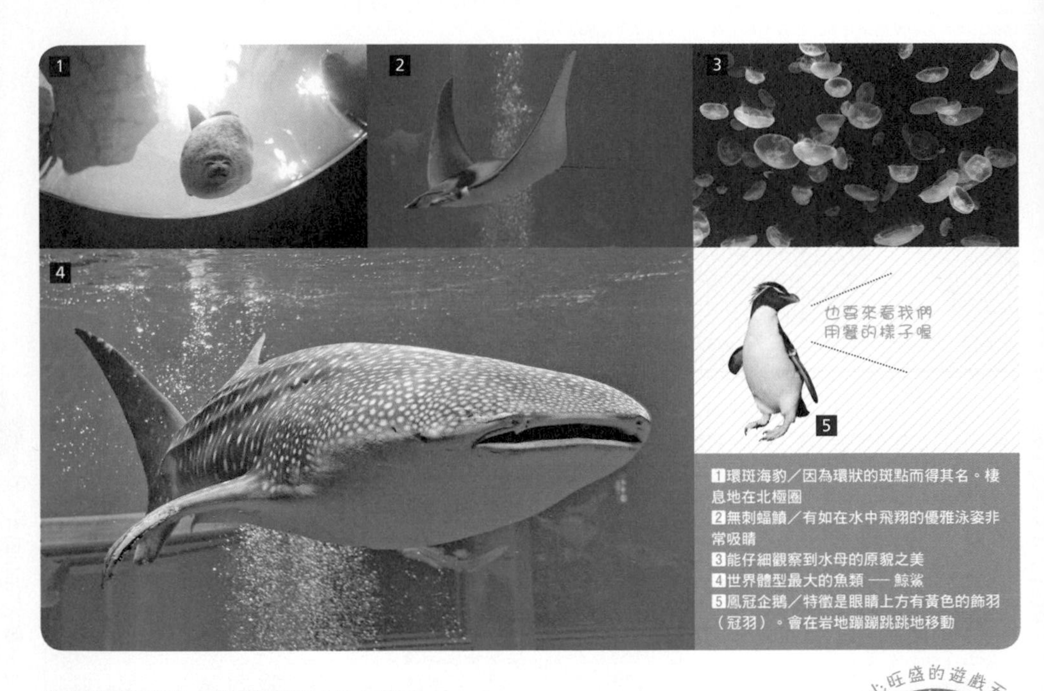

1環斑海豹／因為環狀的斑點而得其名。棲息地在北極圈
2無刺蝠鱝／有如在水中飛翔的優雅泳姿非常吸睛
3能仔細觀察到水母的原貌之美
4世界體型最大的魚類 ── 鯨鯊
5鳳冠企鵝／特徵是眼睛上方有黃色的飾羽（冠羽）。會在岩地蹦蹦跳跳地移動

鯨鯊悠然地游著，世界規模最大的水築館

海遊館 かいゆうかん

在8層樓高的建築中，重現世界各地海洋生態的水族館。以鯨鯊悠游的「太平洋」為主，用鮮活生動的規模介紹海洋的魅力。例如能以超近距離觀察生物的「新體感區域」，還有在漆黑空間裡美麗水母漂浮其上的「水母銀河」，都很推薦大家看看這些展覽。

擁有約620種、30000隻生物，是世界規模最大的水族館

好奇心旺盛的遊戲天才

鐮鰭斑紋海豚的名字源於其鐮刀狀的背鰭

☎06-6576-5501 ⌂港区海岸通1-1-10 🕒10:00～20:00（入館至閉館時間前1小時為止）※有季節性變動 休1月裡會有1年2日的休館日 ¥成人2400円、中小學生1200円、3歲以上600円‼地下鐵中央線大阪港站步行5分 MAP附錄2 A-5
※基本資料可能會有變動

從水槽上方觀察生物

在海游館，遊客能進入平常不開放的水槽後方──「Backyard」觀看鯨鯊生活的「太平洋」水槽，詳情請於官網確認。

從天保山大橋和港大橋下潛行而過也很有趣

周遊大阪港內的觀光遊覽船

大阪港帆船型觀光船 聖母瑪利亞號

おおさかこうはんせんがたかんこうせんサンタマリア

從海遊館西碼頭出發航行的觀光船。以哥倫布抵達新大陸時所乘的「聖母瑪利亞號」為範本打造，在船上能夠盡情的欣賞大阪港灣區域的景色。

☎0570-04-5551（大阪水上巴士）⌂港区海岸通1-1-10 ⏲11:00～每小時 ※航行時間視季節而異 休不定休 ¥白天遊覽1600円 ‼地下鐵中央線大阪港站步行10分 MAP附錄2 A-4

＋500円還能坐在寬敞舒適的頭等艙（特別室）（附1杯飲品或升級版霜淇淋）

夜間能看見運用世界首見表現手法的「大摩天輪 ── 光之藝術」

位在天保山港灣村的大摩天輪

天保山大摩天輪

てんぽうざんだいかんらんしゃ

為世界規模最大，高達112.5m的大摩天輪。天氣晴朗時，可以從摩天輪上一覽關西國際機場、明石海峽大橋、六甲山等處的風景。底部與側面都透明的透明纜車也因良好的視野景觀而大受歡迎。

☎06-6576-6222 ⌂港区海岸通1-1-10 ⏲10:00～22:00（視時期而異）休不定休 ¥800円 ‼地下鐵中央線大阪港站步行5分 MAP附錄2 A-4

刺激感滿滿的透明纜車，目前有8台在運行

自由軒的招牌咖哩飯 880円

BOTEJYU的BOTEJYU Premium Egg 1738円

「大阪美食」齊聚一堂

難波美食小巷

なにわくいしんぼよこちょう

以昭和40年代的「元氣大阪」為主題，重現了充滿活力的大阪下町和商店街。在這個美食主題公園裡集結了大阪燒和烏賊燒等大阪獨有的名店美食，快來這裡愉快地走走吃吃吧。

☎06-6576-5501（海遊館）⌂港区海岸通1-1-10 天保山マーケットプレース2F ⏲11:00～20:00（視店鋪、時期而異）休1月有2天 ‼地下鐵中央線大阪港站步行5分 MAP附錄2 A-4

能一次品嘗到各種大阪招牌美食真是開心

夜晚的天保山大摩天輪會用柔和的「間接照明」與明亮的「直接照明」搭配組成出色表演。

能在憧憬的電影世界中愉快地度過一整天，前往日本環球影城

以電影為主題的遊樂設施，令人雀躍興奮又激動不已。
超多只有在這才體驗得到的世界級娛樂設施。
重現電影世界氛圍的空間讓人感動不已。

能買到「柏蒂全口味豆子」的「蜂蜜公爵」糖果店

哈利波特魔法世界

ウィザーディング・ワールド・オブ・ハリー・ポッター

以「哈利波特」為主題的區域。從活米村到霍格華茲城堡，宛如電影場景的風景在眼前擴展開來。不但有2座乘坐式遊樂設施，還有魔杖魔法、表演秀等，各種充滿魅力的活動與設施能讓人玩上一整天。

柏蒂全口味豆子從甜味到意想不到的滋味，裝滿了各種風味的雷根糖

小小兵樂園

小小兵瘋狂乘車遊

ミニオン・ハチャメチャ・ライド

搭乘飛車，展開「成為小小兵」特訓的乘坐式遊樂設施。擁有世界規模最大的巨蛋螢幕，讓人能享受到超乎想像的臨場感。

122cm以上 ※有陪同者則為102cm以上

瑪利歐賽車～庫巴的挑戰書～

マリオカート～クッパの挑戦状～

超級任天堂世界

位在任天堂主題遊戲區域，以「瑪利歐賽車」為主軸設計的遊樂設施。搭上4人座賽車，握住方向盤參加比賽吧。

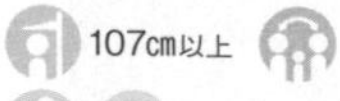

107cm以上

※遊樂設施與表演秀有可能會在無預告的情況下變動或取消，舉辦日期與時間請於官網確認。照片提供：日本環球影城
※商品價格、設計與販售店鋪有可能會在無預告的情況下變動，如遇售完敬請見諒。※上載內容為2022年11月時的資訊。

※1 帶小孩的大人，可以於1次的等候時間裡輪流使用遊樂設施的機制
※2 遊樂設施的座位有空出1人空位時，能讓1人搭乘的遊客優先搭乘的機制

想順暢遊玩的人一定要買

有「環球特快入場券」（需付費購買）的話，就能夠縮短等候時間。詳情請於官網確認。

還有這麼好玩的遊樂設施！

飛天翼龍

侏儸紀公園

ザ・フライング・ダイナソー

132cm以上

這個充滿魅力的乘坐式遊樂設施，是世界規模最長X世界高低差最大、最新銳的雲霄飛車。空中霸主 —— 無齒翼龍抓住遊客，在空中360度大迴轉，並以超快的速度在公園盤旋飛行。

SING on Tour

好萊塢區域

シング・オン・ツアー

在電影《歡樂好聲音》登場的魅力動物們，在眼前唱歌跳舞的SING on Tou。在具有震撼力的現場演唱和舞蹈表演下，一塊high起來吧。

主持表演秀的巴斯特·穆恩炮語連珠也備受矚目

好萊塢美夢·乘車遊

好萊塢區域

ハリウッド・ドリーム・ザ・ライド

132cm以上

人氣戶外型雲霄飛車，馳騁穿越在全長約1300m的軌道上。讓人有從重力解放，在空中飛翔般的懸浮感。夜裡雲霄飛車會在燈光閃耀的光芒中在公園裡滑行，非常漂亮。

朝後倒退的「好萊塢美夢・乘車遊～逆轉世界～」也超受歡迎

日本環球影城

ユニバーサル・スタジオ・ジャパン

☎0570-20-0606（詢問中心） 此花区桜島2-1-33 視週幾與季節而異 休無休 ¥影城入場券：成人（12歲以上）7800円～、兒童（4～11歲）5400円、敬老票（65歲以上）7100円～※3歲以下幼兒免費●視遊樂設施而定會有需要號碼牌或另購專用票券的情況●入場券的價格與內容會有未經預告即變更的情況。 P有 JR夢咲線環球城站即到 MAP附錄2 A-4

外帶美食也別錯過！

「瑪利歐咖啡店＆商店」的人氣菜單。以瑪利歐的可愛帽子為範本製作的鬆餅三明治。

裝飾著碧姬公主的王冠，或瑪利歐＆路易吉鬍子的水果冰淇淋蘇打

「小小兵樂園」內的小小兵夾心餅乾～香蕉冰淇淋＆水果～600円

萬聖節和聖誕節等季節活動都要好好事先確認，期間限定的表演秀也很備受矚目。

什麼願望都能實現？大阪御守大集合

在這裡要依祈願類型，為大家介紹大阪有名的神社御守。
願望太多了，有愛情圓滿、考試合格、生意興隆……，
好像會不知道該從哪個願望開始祈求呢。

生意興隆 1500円

戎袋守
えびすふくろまもり

將在大阪以暱稱「Ebessan」為人熟知的戎神做成可愛的Q版造型，能保佑生意興榮和提升財運

考試合格 3000円

合格守
ごうかくまもり

在祈願用紙與繪馬上寫下姓名和願望後，將祈願用紙放入祈願用紙的箱子裡，而繪馬則要納奉給神社。御守則可供在神龕等處祈願。

提升勝利運勢 1000円

常勝守
じょうしょうまもり

住吉大社約有1800年歷史，這是該神社獨特的御守。時常帶在身上，在人生的勝負關鍵時刻就能發揮效果!?

今宮戎神社

‖惠美須‖いまみやえびすじんじゃ

原本位於沿海，是供奉漁業守護神的神社。每年1月舉行的「十日戎」，會因多達100萬人的參拜遊客而熱鬧非凡。

☎06-6643-0150 ⌂浪速区恵美須西1-6-10 ⏲9:00～17:00（祭典時為通宵）¥自由參觀 ‼南海高野線今宮戎站即到 MAP附錄7 C-3

這個也很有特色

戎神吉祥物 1500円
有各種不同變化的裝飾，全部都是手工製作

大阪天滿宮

‖大阪天滿宮‖おおさかてんまんぐう

供奉著被視作「天滿的天神san」、備受人們喜愛的學問之神 — 菅原道真。為求得學問之神的保佑，日本各地的考生都會前來參拜。

☎06-6353-0025 ⌂北区天神橋2-1-8 ⏲9:00～17:00 ¥自由參觀 ‼JR東西線大阪天滿宮站即到 MAP附錄8 F-4

這個也很有特色

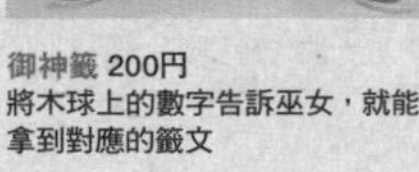

御神籤 200円
將木球上的數字告訴巫女，就能拿到對應的籤文

住吉大社

‖住吉‖すみよしたいしゃ

在日本擁有約2300間神社的住吉神社總本社。在其附屬神社－楠珺社，每月最初的辰之日稱作「初辰san」，據說在該日參拜會獲得更多好運。

☎06-6672-0753 ⌂住吉区住吉2-9-89 ⏲6:00～17:00（10～3月為6:30～）授與所為9:00～17:00 ¥自由參觀 ‼南海本線住吉大社站即到 MAP附錄2 B-6

這個也很有特色

招福貓（小）1隻500円
在楠珺社可購得的招財貓。每月收集1隻，4年內收集48隻便可達成所願

参拜時請大家特別注意

参拜方式有時會視神社而有所不同。有的神社會列出参拜注意事項，請大家要好好確認。

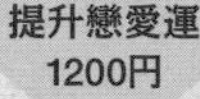

提升戀愛運 1200円

結緣御守 一對

えんむすびおまもりペア

此御守與人形淨瑠璃的名作《曾根崎心中》裡的德兵衛和阿初有關，可與重要的人一人一個，一組2色。

避邪除魔 1000円

方位除御守

ほういよけおまもり

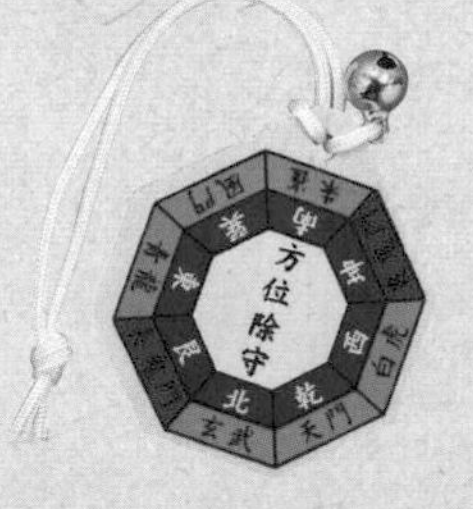

襲自陰陽道，守護四面八方阻擋壞事的御守。據說掛在鬼門和裏鬼門方位的牆上，便能防止災厄。

精進才藝 1000円

諸藝道守

しょげいみちまもり

與上方落語始祖 — 米澤彥八有地緣關係的神社才有的御守。在追求技藝精益求精的大阪藝人之間是一定會有的御守。

阿初天神（露天神社）

‖梅田‖おはつてんじん(つゆのてんじんしゃ)

暱稱來自近松門左衛門所編《曾根崎心中》的女主角阿初。以保佑締結良緣而廣受信眾好評，神社裡也有年輕情侶的身影。

☎06-6311-0895 ⌂北區曾根崎2-5-4 ⏲9:00～18:00 ¥自由參觀 🚶地下鐵谷町線東梅田站步行5分 MAP附錄9 C-3

這個也很有特色

內有開運招福御守的御神籤 300円

御神籤裡會有1款錢龜之類的各式吉祥物

安倍晴明神社

‖東天下茶屋‖あべせいめいじんじゃ

安倍晴明是活躍於平安時代的陰陽師，此神社便建造在他的出生地。境內有晴明和葛乃葉的雕像，到處都流淌著神祕的氛圍。

☎06-6622-2565（阿倍王子神社）⌂阿倍野區阿倍野元町5-16 ⏲11:00～16:00 ¥自由參觀 🚶阪堺電軌上町線東天下茶屋站步行5分 MAP附錄2 C-5

這個也很有特色

黃楊木葛乃葉狐御守 1000円

據說晴明之母是葛乃葉，而這個御守是仿其形所造的

生國魂神社

‖谷九‖いくたまじんじゃ

大阪最古老的神社。在江戶中期，神社境內聚集了諸多藝人讓參拜者感到歡喜，因而被暱稱為「IKUTAMASAN」。

☎06-6771-0002 ⌂天王寺区生玉町13-9 ⏲日出～日落，祝禱、御守、神符為9:00～17:00 ¥自由參觀 🚶地下鐵各線九丁目站步行4分 MAP附錄6 D-2

這個也很有特色

IKUTAMASAN 御神籤 300円

附有以米澤彥八為範本的生玉人形

本頁所介紹歷史有名的神社，其社殿與鳥居等建築之美也相當引人注目。

舒適度過旅遊時光，擁有隱私感的時尚飯店

從熱鬧的街區回來後，就想要度過一段舒適愜意的時光。
這裡為大家選出了距離車站交通方便，
並獲得時尚又具隱私感好評的舒適飯店。

在OMO深度享受大阪

OMO7大阪 by 星野集團

‖新今宮‖オモセブンおおさかバイほしのリゾート

星野集團的「OMO」都市飯店於2022年4月在通天閣即到的新世界附近開業。這裡有能享受大阪美食文化的餐廳、在地人也能自由休憩的開放式花園，以及遊逛新世界的導覽行程等，讓人能充分享受大阪的風情特色，值得一訪。

☎050-3134-8095
（OMO預約中心）
⌂浪速区恵美須西3-16-30
ⓛIN15:00 OUT11:00
¥1間61000円～
（1晚附晚、早餐）
P有
‼各線新今宮站即到
MAP附錄7 C-4

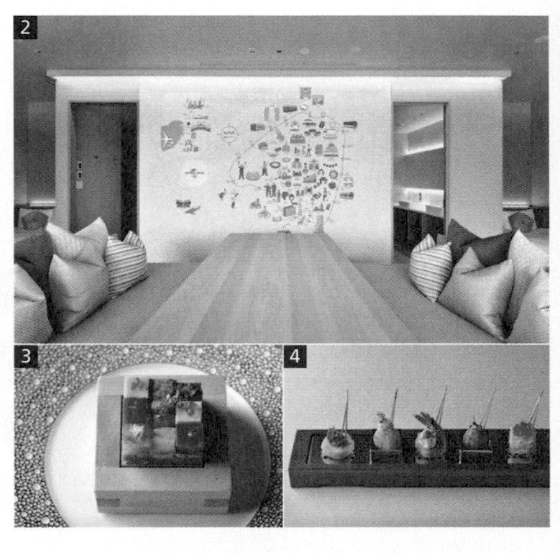

1有咖啡廳跟餐廳的公共空間 2既奢華又能夠讓人放鬆的客房「IDOBATA Suite」 3 4餐廳提供以鄉土料理為主題的創意料理

以英國宅邸為形象打造的高級飯店

Zentis Osaka

‖堂島濱‖ゼンティスオオサカ

由打造世界奢華飯店的Tara Bernerd所領軍的團隊，提出英國宅邸為概念設計而成。由當地藝術家和職人工匠打造出的空間裡，從精心設計的細節也能感受到Tara Bernerd的美感和專家們的工藝技巧寓於其中，可在此度過舒適的夜晚。

☎06-4796-0111
⌂北区堂島浜1-4-26
ⓛIN15:00 OUT12:00
¥單人房21600円～
P無
‼JR東西線北新地站、京阪中之島線渡邊橋站步行4分
MAP附錄11 C-1

1非房客也能使用2樓的酒吧休憩廳 2空間呈現舒適寧靜氛圍的「Comer Studio」客房 3房客專用的住客休憩廳 4早餐有牛高湯玉子燒、可頌

依觀光景點的沿線站點挑選

大阪因觀光等因素，變得有點難預約到飯店。即使離觀光景點稍遠，只要選擇靠近該景點沿線車站的飯店，也能輕鬆地移動。

融合傳統與革新的博物館飯店

Hotel Royal Classic Osaka

‖難波‖ホテルロイヤルクラシックおおさか

世界級建築師 — 隈研吾承襲大阪新歌舞伎座的傳統形式而設計的飯店。以「能住宿的博物館」為主題，在客房、電梯等候空間、入口處、餐廳等處展示了100件以上的現代藝術作品。客房也都設有最新的設備，相當舒適。

☎06-6633-0030 ⌂中央区難波4-3-3 ⏲IN15:00 OUT12:00 ¥雙床房12000円～ Ⓟ有 ‼地下鐵各線難波站即到 MAP附錄17 C-3

1白金雙床房 2還有繪本作家 — 元永定正的作品 3荷蘭出身藝術家Florentijn Hofman的作品「Steelman1/7」 4外觀承襲新歌舞伎座的屋頂造型

在擁有歷史的百貨公司建築優雅停駐

Citadines Namba Osaka

‖難波‖シタディーンなんばおおさか

這家飯店位在2021年8月獲指定為日本國家重要文化資產的「高島屋東別館」內。能夠在此稍作停駐，感受具有悠久歷史的裝飾藝術風格建築和貴重設計。還請大家留意賣場和屋頂遊樂園等設施，會令人想起百貨公司的設計。

☎06-6695-7150
⌂浪速区日本橋3-5-25
⏲IN14:00 OUT11:00
¥1間15730円～
Ⓟ無
‼地下鐵各線難波站步行8分
MAP附錄16 E-4

1「1臥室房型-雙床房」的特徵是擁有名建築風格和拱形窗戶 2令人想起百貨公司的休憩大廳 3館內融合古典風格與摩登的設計 4外觀厚實穩重

想要積極充分享受大阪風情的話，重點是要選擇自北區或南區出發且交通方便的飯店。

要不要來住看看 彷彿在大阪生活般舒適的飯店呢

附有廚房的話，就能在飯店裡悠哉地享受晚餐，
選擇以經濟實惠的價格，在設計時尚的飯店舒適地度過吧。
從街區回來，便可以在舒適宜人的飯店裡消除疲勞。

在高級公寓有如在此生活般地住宿

Fraser Residence Nankai Osaka

‖難波‖フレイザーレジデンスなんかいおおさか

位在各線難波站步行圈內，交通也相當方便。全114間旅居型房間除了有廚房、餐具之外，還備有洗衣機等家電。飯店內除了有24小時皆可使用的健身房之外，還有休憩廳，也有免費Wi-Fi可用。

☎06-6635-7111
浪速区難波中1-17-11
IN15:00 OUT11:00
¥雙床房、雙人房8500円～
P無
地下鐵各線難波站步行3分
MAP附錄17 C-4

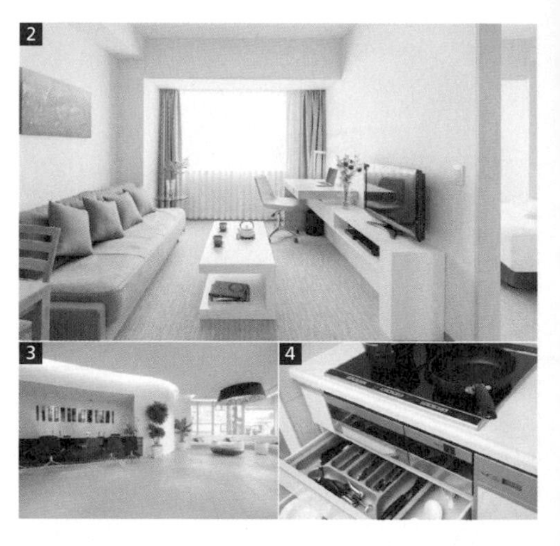

1從難波站過來非常近 2設計摩登又具機能性的1臥室房型，有獨立的客廳 3挑高寬敞的前台 4附設IH電磁爐的廚房，還有許多講究的設備及客房備品

也非常適合長期旅居

HOTEL SHINPOIN OSAKA

‖四天王寺‖ホテルしんぽういんおおさか

建於恬靜的住宅區 ── 上町台地的飯店。附近有齊聚當地美食的桃谷商店街和錢湯，充滿居家氛圍。這裡也有自行車可供租借，要前往難波、天王寺、韓國城、鶴橋的交通也很方便。

☎06-6711-0009
天王寺区真法院町14-12
IN15:00 OUT10:00
¥雙人房7000円～
P有
地下鐵谷町線四天王寺前夕陽之丘站步行8分
MAP附錄6 E-3

1前往主要區域的交通也很便利，觀光上也很方便 2Premium Twin Room加床最多可容納5名房客 3日光照射進來，令人心情舒適的大廳樓層 4由一張雙人床和一張加大單人床組成的雙床房

美食之都大阪獨有的住宿方式

在美食滿滿的大阪，不在飯店用餐也不會有所不便。可以選擇僅供早餐的方案或是單純住宿，更經濟實惠地度過假期。

使旅行就像在家一般，舒適的旅居型飯店

Holiday Inn & Suites Shin Osaka

‖新大阪‖ホリデイインアンドスイーツしんおおさか

客房室內寬敞有如公寓，有客廳、完整廚房、洗烘衣機、獨立式衛浴等的大套房，以及簡單的機能型標準客房。在朝陽灑落的挑高空間，還能享受自助式早餐，這裡也有設備完善、24小時可用的健身中心。

1位在大阪玄關口 ── 新大阪，相當方便 2設備充足、空間寬敞的客房 3在擁有全套廚房的客房裡，飯店也準備了高級的廚房用品 4可享用早餐、午餐的全日餐廳「Café Hi!」

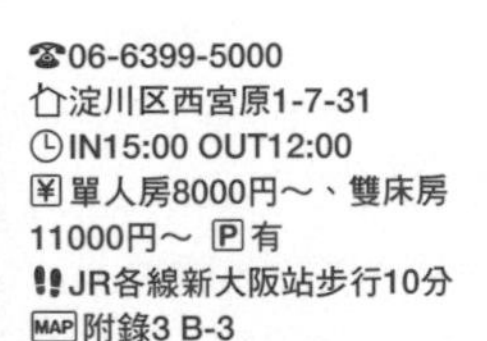

☎06-6399-5000
淀川区西宮原1-7-31
IN15:00 OUT12:00
¥單人房8000円～、雙床房11000円～ P有
JR各線新大阪站步行10分
MAP 附錄3 B-3

擁有飯店型和附有廚房的客房

Mystays堺筋本町酒店

‖堺筋本町‖ホテルマイステイズさかいすじほんまち

除了飯店型客房之外，還有部分客房附有迷你廚房及微波爐，並且還有電子鍋、煮義大利麵的器具等可供住客免費租借。在機能性的客房內也有免費Wi-Fi，方便電腦作業，頗受好評。還免費使用洗衣機，長期旅居也能舒適地在此生活。

☎06-7711-3939
中央区淡路町1-4-8 IN15:00～24:00（超過24:00則需聯絡）OUT11:00
¥雙人房6000円～、雙床房11000円～ P有
地下鐵各線堺筋本町站步行7分
MAP 附錄10 F-3

1位在無論前往北區或南區交通都很方便的地點 2客房裡備有低反發記憶枕和小羽毛枕2種枕頭 3在迷你廚房可用微波爐調理食物 4可免費洗衣也很貼心

「HOTEL SHINPOIN OSAKA」的周邊有多達200間的社寺和名勝遺跡，街區充滿風情，也推薦遊逛知名的「天王寺七坂」。

前往大阪的交通方式

大阪之旅的玄關口，一般來說是JR新大阪站。
以下就介紹從關西機場或京都、神戶前往JR新大阪站或大阪站的交通方式，
考量入境時間和費用，選擇舒適的移動方式吧。

前往大阪 若搭乘新幹線就在大阪站下車

大阪的玄關是新幹線的新大阪站。從這裡能轉乘JR京都線或地下鐵御堂筋線，朝梅田、難波等都心區前進。從關西機場可搭南海、JR、利木津巴士前往中心區域；從伊丹機場可搭大阪單軌電車或利木津巴士等。

活用「自由行套裝商品」吧

若個人或團體想要簡單又划算的旅行方案，可選擇旅行社販售的「自由行套裝商品」，因為可把飛機、新幹線等交通工具，和自己喜歡的飯店住宿組成套裝商品，在當地又能自由行動。首先去旅行社網站尋找優惠方案，或去實體店面索取傳單吧。

出發地	交通工具	路徑	所需時間	價格
關西機場	鐵道	JR關空快速→**大阪站**	約1小時15分	1210円
關西機場	鐵道	JR特急HARUKA號→**大阪站**	約47分	2410円
關西機場	巴士	機場利木津巴士→**大阪站**	約1小時	1600円
大阪國際（伊丹）機場	鐵道	大阪單軌電車→螢池站轉乘阪急寶塚線→大阪梅田→步行→**梅田站**	約36分	440円
大阪國際（伊丹）機場	巴士	機場利木津巴士→**大阪站**	約25分	650円
京都	鐵道	**京都站**→JR京都線新快速→**大阪站**	約28分	580円
京都	鐵道	**阪急河原町站**→阪急京都線特急→**阪急梅田站**	約42分	410円
京都	鐵道	**京阪祇園四條站**→京阪本線特急→**京阪淀屋橋站**	約50分	430円
奈良	鐵道	**奈良站**→JR大和路線大和路快速→**大阪站**	50分	810円
奈良	鐵道	**近鐵奈良站**→近鐵奈良線快速急行、急行→**大阪難波站**	37～44分	570円
神戶	鐵道	**JR三之宮站**→JR神戶線新快速→**JR大阪站**	約20分	420円
神戶	鐵道	**阪急神戶三宮站**→阪急神戶線特急→**阪急梅田站**	約27分	330円

還有巴士之旅的方式

比新幹線和飛機都便宜的巴士之旅，能不用換線轉乘，輕鬆愉快地踏上旅程。包含夜間巴士、白天班次在內，各地皆有許多巴士路線，搭夜間巴士則能在旅遊目的地充分地玩上1日。開始巴士之旅前，別忘記要先預約座位並確認乘車地點。

用青春18旅遊周遊券來趟慢旅

青春18旅遊周遊券是能1日無限次搭乘JR快速、普通列車的普通車自由座票券。悠閒地隨著列車搖晃的慢遊之旅，在抵達旅遊目的地的途中可能會有意想不到的發現。本票券12050円可分成5日（人）使用。配合春、暑、寒假期間發行販售。

在大阪能使用的交通IC卡車票

在關西除了「ICOCA」「PiTaPa」之外，還能使用「Kitaca」「PASMO」「Suica」「manaca」「TOICA」「SUGOCA」「HAYAKAKEN」「nimoca」。

大阪

- **桃園國際機場→關西國際機場**
  CAL EVA TTW JAL ANA CPA JST APJ SJX
  2小時25分～2小時40分
  班次 20～23班／天
- **高雄國際機場→關西國際機場**
  CAL EVA TTW ANA APJ JAL
  2小時40分～3小時
  班次 6～7班／天

CAL＝中華航空 ☎02-412-9000
EVA＝長榮航空 ☎02-2501-1999
TTW＝台灣虎航 ☎02-5599-2555
JAL＝日本航空 ☎0801-81-2727
ANA＝全日空 ☎02-2521-1989
CPA＝國泰航空 ☎02-2715-2333
SJX＝星宇航空 ☎02-2791-1199
APJ＝樂桃航空 ☎02-8793-3209
JST＝捷星航空 ☎0801-852-015

※本頁交通所需時間和票價為2023年5月時的資訊，為搭乘一般時期的普通車對號座、普通座價格（不搭乘新幹線特急列車時，僅需支付普通票），票價可能會有所變動，出發前請上相關交通機構網站查詢。

活用飛機的機票折扣吧

視航空公司而定，購買來回票、早鳥預約票、特定班次等可能享有優惠折扣，另外也可選擇LCC（廉價航空）。好好地運用各種組合，享受經濟實惠的空中之旅吧。

抵達JR大阪站後，前往位在1樓中央大廳的「鐵道、大阪觀光服務處」P.100，能取得有助觀光的便利資訊。

京都·大阪·神戶活動行事曆

前往大阪時，不妨將周邊的京都、神戶一起排入行程吧！
遊覽過大阪的熱鬧都會氣氛後，再前往京都體驗流傳千年的古都魅力，
或是留存多棟西洋建築，洋溢港都氛圍的神戶，一定能為這趟旅行增色不少。

※下記內容為2023年3月～2024年2月的資訊。日期時間有可能變動，請務必事先確認。

2023	3月	4月	5月	6月	7月	8月	9月	10月	11月	12月	1月	2月
京都	3月25日～5月14日 春季京都非開放文化財特別開放	4月1～30日 都舞	5月15日 葵祭 5月上旬～9月下旬 貴船川床、鴨川納涼床		7月1～31日 祇園祭 7月1日～9月23日 嵐山 鵜飼	8月16日 京都五山送火		10月22日 時代祭	日期未定 京都非開放文化財特別開放	12月31日～元日早晨 白朮祭	1月2～4日 北野天滿宮筆始祭・天滿書	2月3日 追儺式（驅鬼習俗）
大阪		4月7～13左右 大阪造幣局的櫻花隧道			7月24・25日 天神祭	8月1日 教祖祭PL花火藝術 8月5日 難波淀川花火大會	9月16、17日 岸和田山車祭		11月3日～1月31日 大阪・光之文藝復興		1月9～11日 今宮戎神社十日戎	
神戶			5月28日 神戶祭 5月3～5日 神戶花毯節		7月中旬 神戶港祭		9月15日＋數日 南京町中秋節	10月中旬（未定） 神戶爵士街 10月16～20日 港都神戶海上煙火大會		時間未定 神戶光之祭典 12月1日～3月31日（預定） 神戶浪漫夜景展	1月未定 南京町春節祭	

加快通關速度！自動查驗通關系統

初次申辦者，需提供護照與身分證、健保卡、駕照等證件擇一，於機場航廈的入、出境之自動查驗通關註冊櫃檯，均可辦理。

地點	時間	位置
桃園國際機場第一航廈	06:30至22:00	出境大廳12號報到櫃檯旁移民署櫃檯
	10:00～23:00	入境證照查驗區
桃園國際機場第二航廈	06:30至22:00	出境大廳19號報到櫃檯前移民署櫃檯
	10:00～23:00	入境證照查驗區
松山機場	全天候申辦（以航班時間為主）	入境查驗櫃檯
	08:00至18:00	出境查驗櫃檯
	08:00至18:00	第一航廈1樓出境大樓
高雄機場	08:00至22:00	入境查驗區
	05:15～17:00	1樓服務檯
中央聯合辦公大樓北棟1樓	週一至週五 09:00～17:00	民眾可與外交部領務局領取護照後，直接申辦自動通關
移民署各服務站	週一至週五 08:00～17:00	臺北市服務站、臺中市第一服務站、花蓮縣服務站、嘉義市服務站、高雄市第一服務站

Visit Japan Web 教學

由日本政府推出的線上入境填寫服務，可事先於線上填寫入境審查、檢疫、海關申報等資料。

1. 進入首頁「https://www.vjw.digital.go.jp」註冊登入。
2. 在「登錄使用者」＞「本人資料」填寫本人或同行家人資料，依序填入姓名、國籍、護照號碼、在日本的聯絡處等。若無固定住處可先略過，另外若同行者含嬰兒，可追加在「同行家人」的項目中。
3. 在「登錄入境、回國預定」＞「＋新增登陸」填寫預計入境、出境日、天數、航班資訊等。
4. 在「登錄入境、回國預定」＞「入境審查準備」＞「外國人入境紀錄」，確認入境紀錄。
5. 在「登錄入境、回國預定」＞「海關申報準備」確認是否攜帶違法物品、危險物品、須申報品等。
6. 最後取得QRcode，於入境日本時出示。

來靈活運用大阪的路線吧

大阪市內的景點，大致上都固定在JR大阪環狀線的沿線與其內側。活用地下鐵與大阪環狀線就會非常方便。也會有直通其他路線的電車，因此要注意一下電車的目的地。

螢池
阪急寶塚線
大阪(伊丹)機場
大阪單軌電車
京都河原町
阪急京都線
三条
京都
京阪本線
神戶三宮(阪急・阪神)
三之宮(JR)
阪急神戶線
JR京都線(東海道本線)
新大阪
JR神戶線(東海道本線)
※1
※2
大阪(JR)／大阪梅田／梅田
阪神本線
地下鐵御堂筋線
JR大阪環狀線
※1 大阪梅田(阪急·阪神)
※2 梅田(地下鐵)
JR夢咲線(櫻島線)
西九条
櫻島
環球城站
淀屋橋
京橋
阪神難波線
※3
大阪難波
難波
近鐵奈良
近鐵奈良線
JR難波
鶴橋
關西機場
JR關西機場線·南海機場線
南海本線
奈良
天王寺
JR大和路線(關西本線)
和歌山市
新今宮
和歌山
JR阪和線
※3 大阪難波(阪神·近鐵)
難波(南海·地下鐵)

還有這樣的車票

● 1日車票「樂享環保卡（Enjoy Eco card)」

票價800円，可1日無限次搭乘地下鐵、New Tram（新電車）、大阪CityBus全線。週六日、假日更便宜只要600円。在大阪市內約30處觀光設施，出示標有使用當日日期的票卡，就能獲得各種折扣優惠。

●大阪周遊券（1日券）

※這張觀光票卡只要2800円，就可以1日無限次搭乘以大阪市內為中心的地下鐵、私鐵等電車和大阪CityBus全線，還能憑票卡進入大阪城等40處以上的人氣景點（僅限與電車、巴士同日使用）。還有難波Grand花月劇場、餐飲店等的折扣優惠。※還有2日券3600円（但不可搭乘私鐵）。

在大阪市內的主要景點之間很方便的「JR大阪環狀線」。順時鐘行駛標示為「外回り（outer loop)」，而逆時針行駛則標示為「內回り（inner loop)」。

英文字母、數字、符號

日文假名

Ⓘ景點 Ⓡ餐廳 Ⓒ咖啡 Ⓢ商店 Ⓗ飯店

index

Ⓘ景點 Ⓡ餐廳 Ⓒ咖啡 Ⓢ商店 Ⓗ飯店

ことりっぷ co-Trip 小伴旅

大阪

【co-Trip 4】

大阪小伴旅

作者／MAPPLE 昭文社編輯部
翻譯／李詩涵
編輯／林庭安
發行人／周元白
出版者／人人出版股份有限公司
地址／231028新北市新店區寶橋路235巷6弄6號7樓
電話／（02）2918-3366（代表號）
傳真／（02）2914-0000
網址／www.jjp.com.tw
郵政劃撥帳號／16402311人人出版股份有限公司
製版印刷／長城製版印刷股份有限公司
電話／（02）2918-3366（代表號）
香港經銷商／一代匯集
電話／（852）2783-8102
第一版第一刷／2013年7月
修訂第三版第一刷／2023年7月
定價／新台幣350元
港幣117元

●本書刊載資料為2022年10～11月之資訊。由於資訊內容可能會有變更，敬請於使用前事先確認。各項費用皆有可能因消費稅修正而產生變動，因此有些設施費用標示價格為未稅。並且為因應新冠肺炎之防疫措施，依各項設施所採取的因應政策，其營業日期與時間，以及大眾交通工具預定的行駛班次等皆有可能產生變動。請於出發前再次於各類活動與設施之官網，暨各行政單位官網等處確認最新資訊。此外，因本書刊載之內容而衍生糾紛和損失時，本公司礙難賠償，敬請事先理解後使用本書。

●電話號碼提供的都是各設施的洽詢電話，因此可能有並非當地號碼的情況。而使用導航等設備查詢地圖時，可能會有顯示與實際不同位置的情況，還請多加注意。

●關於費用，入場費等基本上是標示成人費用。

●開館時間、營業時間，基本上是標示停止入館的時間或最後點餐時間。

●不營業的日期，僅標示公休日，不包含臨時停業、盂蘭盆節和過年期間之休假。

●住宿費用，基本上是標示淡季平日2人1房入住時的1人份費用。但有部分飯店也可能會以房間為單位標示費用。

●交通標示出來的是主要交通工具與參考的所需時間。使用IC票卡時車資、費用可能會有所不同。

●本書掲載の地図について
測量法に基づく国土地理院長承認（使用）
R 4JHs 19-155610　R 4JHs 21-155610

※本書系凡有「修訂」二字，表示內容有所修改。「修訂～刷」表示局部性或大幅度修改，「修訂～版」表示全面性改版修訂。

國家圖書館出版品預行編目(CIP)資料

大阪小伴旅 / MAPPLE昭文社編輯部作；李詩涵翻譯. -- 修訂第三版. -- 新北市：人人出版股份有限公司, 2023.07
面；　公分. -- (co-Trip；4)
譯自：ことりっぷ 大阪
譯自：大阪
ISBN 978-986-461-337-3(平裝)

1.CST：旅遊　2.CST：日本大阪市
731.75419　　112007611

小伴旅 04
202307

ことりっぷ co-Trip 小伴旅

大阪

帶我走・好輕鬆

MAP

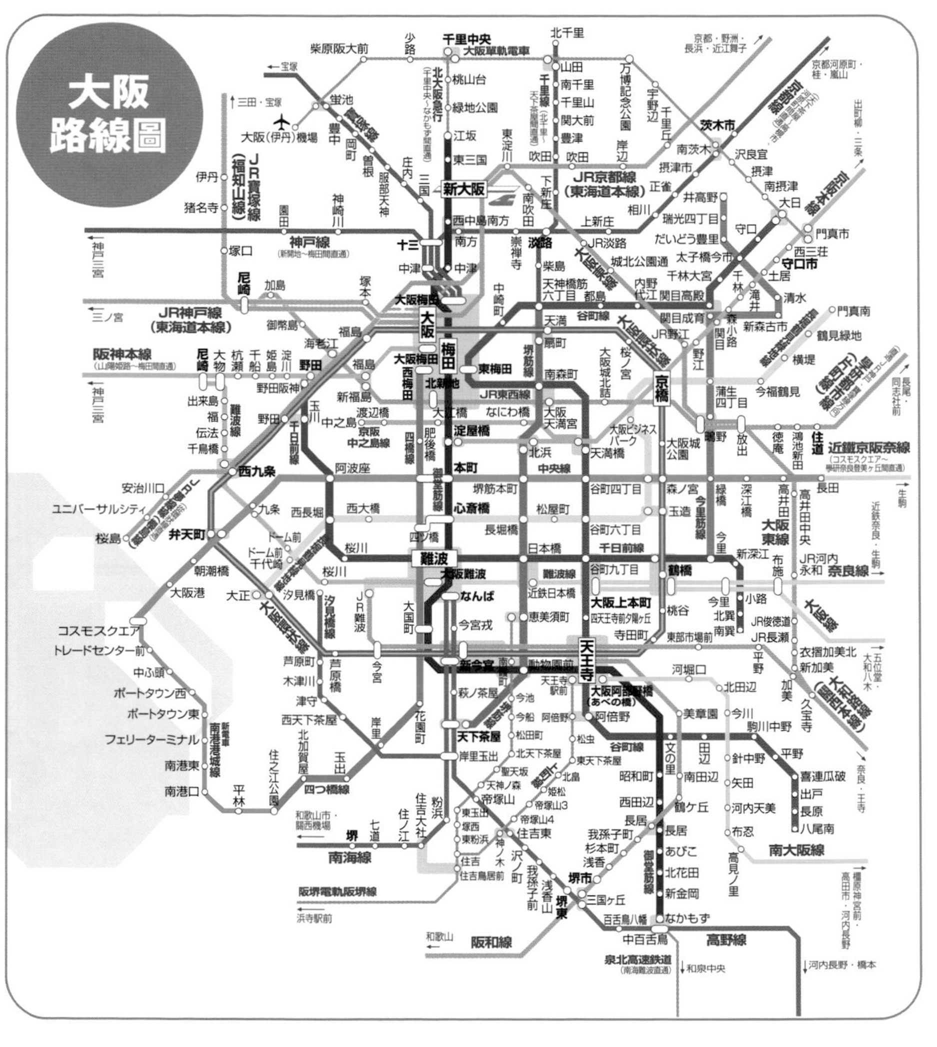

範例

地下鐵			
御堂筋線 M	堺筋線 K	阪急	JR線
四橋線 Y	長堀鶴見緑地線 N	阪神	新幹線
谷町線 T	今里筋線 I	京阪	其他
中央線 C	新電車 南港港城線 P	近鐵	未成線
千日前線 S		南海	梅田 — 粗字：主要車站
		JR大阪環狀線	轉乘區域